U0330006

MENSA

门萨逻辑能力大挑战

〔英〕蒂姆·戴多普洛斯 / 著　丁大刚　杨佳欣 / 译

华东师范大学出版社
ECNUP
全国百佳图书出版单位

图书在版编目（CIP）数据

门萨逻辑能力大挑战/(英)蒂姆·戴多普洛斯著;丁大刚,杨佳欣译. —上海:华东师范大学出版社,2018
ISBN 978-7-5675-7869-2

Ⅰ.①门… Ⅱ.①蒂… ②丁… ③杨… Ⅲ.①智力游戏 Ⅳ.①G898.2

中国版本图书馆 CIP 数据核字(2018)第 135959 号

门萨逻辑能力大挑战

著　　者　(英)蒂姆·戴多普洛斯
译　　者　丁大刚　杨佳欣
项目编辑　乔　健　陈　斌
审读编辑　徐慧平
装帧设计　李　佳

出版发行　华东师范大学出版社
社　　址　上海市中山北路 3663 号　邮编 200062
网　　址　www.ecnupress.com.cn
电　　话　021-60821666　行政传真 021-62572105
客服电话　021-62865537　门市(邮购)电话 021-62869887
地　　址　上海市中山北路 3663 号华东师范大学校内先锋路口
网　　店　http://hdsdcbs.tmall.com

印 刷 者　宁波市大港印务有限公司
开　　本　700×1000　16 开
印　　张　9
字　　数　208 千字
版　　次　2018 年 9 月第 1 版
印　　次　2023 年 3 月第 4 次
书　　号　ISBN 978-7-5675-7869-2/G·11205
定　　价　59.00 元

出 版 人　王　焰

(如发现本版图书有印订质量问题,请寄回本社客服中心调换或电话 021-62865537 联系)

什么是“门萨”？

“门萨”是世界顶级高智商俱乐部的名称。

拥有十万多名会员，遍及全球四十多个国家。

俱乐部的宗旨是：

从人类利益出发，确认、培养以及巩固人类智力；

鼓励开发研究人类智力的本能、特征和用途；

为其会员提供宝贵的智力激发、交流和发展的机会。

任何智力测试得分在世界人口前2%的人都有资格成为门萨俱乐部的一员——您是我们一直在寻找的那“2%”吗？

门萨成员享有以下权益：

国内外线上线下社交活动；

量身打造的兴趣小组——从艺术到动物学研究，百余种选择只为迎合您的兴趣爱好；

会员月刊和当地活动时讯；

同城聚会——从游戏竞技比赛到小食、酒水聚会；

国内外周末聚会和会议；

激发智力的讲座与研讨会；

享受SIGHT（国际向导和接待游客）组织所提供的服务。

导言

欢迎来到《门萨逻辑能力大挑战》，本书包含二百道逻辑游戏谜题，能将您的推理能力发挥至极限。这些测试智力的谜题会让解题高手也频频受挫、抓耳挠腮，但，这就是“门萨”，一个全球最前沿的高智商俱乐部。您还在犹豫什么呢？

认真思考一下，您也许就不会对此感到惊讶，因为人类天生就是充满好奇心的物种。我们的智力和想象力使世界发展到现代社会。若我们对使我们困惑的事物不感兴趣、不求其正解，或许地球上早就没有人类的存在。环境适应力对人类来说至关重要，但灵活的大脑，尤其是人类爱问“如果……会怎样？”的能力却真实地定义了人类的存在。

这种逻辑分析推理能力是我们大脑这座“兵工厂”里威力最大的武器之一，另外还有创造力和横向思维能力。逻辑是科学方法的支柱，但是除了我们每天所做的假设推测外，它的重要性也没那么显而易见。当明显事件A总能引起明显事件B时，所有人类甚至飞禽走兽都能清楚其中的关联环节。但是纵观人类历史的发展来回看事件A、事件B，以及探索为什么其中一个事件会必然地引起另一个事件，这却是近代探索出的成果。这也是理性本身的原因和科学思想的核心。

大脑通过分析、辨识文字图案和逻辑推理来了解世界，为其赋予意义。通过将事物分类、找到事物分类的原因，以此来明白事物的意义。因此，在头脑中，越是能准确把握我们自身以及自身的心智模式，就越能更好地了解这个世界。我们想要衡量并测试自己的冲动是一种不可避免的反射，因为这会让我们变得更强。那么，有什么能比花点时间来做智力解谜更自然呢？

本书中的智力测试能够让您全身心投入其中。尽管猜想力不是必要的，但解谜时还是会运用到。在探究科学的过程中，其核心方法就是从数据分析中形成理论体系，通过案例来检测该理论。当您的理论自相矛盾时，那么就退回到第一步重新建立联系。本书中，所有的信息点都展现在您面前，您要做的就是将它们整合起来。

当人类成功地做成某件事时，会产生愉悦的成就感，尤其是当我们认为某件事对我们来说困难重重时，这种成就感就越强烈。

祝您解题愉快！

目录

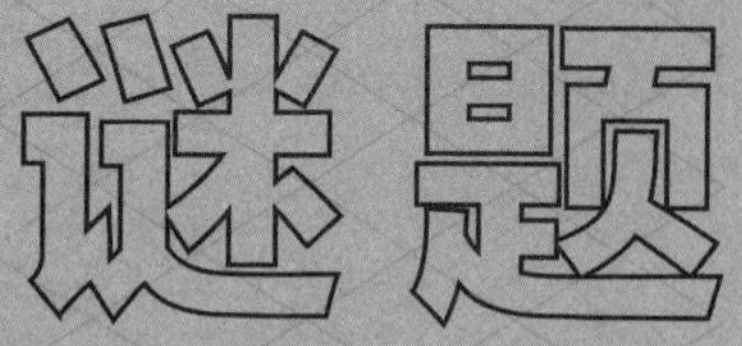
谜题

01

请根据下方所给的28组多米诺列表成功分割这个图板。

2	0	0	6	5	3	3	0
3	6	5	4	0	1	1	3
2	0	2	2	4	5	3	6
4	6	5	5	2	5	5	0
2	2	1	0	4	0	6	3
6	6	3	4	4	2	1	5
4	1	3	1	4	6	1	1

0-0
0-1 1-1
0-2 1-2 2-2
0-3 1-3 2-3 3-3
0-4 1-4 2-4 3-4 4-4
0-5 1-5 2-5 3-5 4-5 5-5
0-6 1-6 2-6 3-6 4-6 5-6 6-6

答案见124页

答案见124页

02

请匹配下方的字母碎片，使其组成一些好莱坞著名影星的名字。

MC	MIN	IGAN	HANN
GEL	JU	DRI	TORN
THEW	OW	VER	NIE
DREY	AN	LIA	FUS
WIL	ERL	KIE	INA
UGHEY	SUTH	SON	GIB
LIE	SON	SON	ALY
JO	CONA	AND	MEL
EN	FER	RIP	MAT

03

以下几个简短的指示本来能帮助您安全穿过马路，但其中有一个错误，如果您完全按照以下指示行走，可能永远也过不了马路。那么其中哪一条出问题了呢？

1. 走到人行道上。
2. 面对马路的方向。
3. 左右查看，是否看到任何来往车辆。
4. 距离您20米左右范围内是否有任何车辆？如果有，退回到第二步。没有，通行。
5. 迅速穿过马路。
6. 走到您前方的人行道上。
7. 停。

答案见124页

请添加合适的运算符号+、-、×、÷，使以下等式成立。

A　7 ○ 6 ○ 5 ○ 15 ○ 18 = 23

B　9 ○ 7 ○ 7 ○ 3 ○ 13 = 13

C　8 ○ 9 ○ 12 ○ 14 ○ 5 = 4

05 下图这张网格中的图形按照一定规律排列，请在空白处填入符合规律的图形。

答案见124页

06

在您面前有两扇门，它们中的任何一扇都有可能在您开门的瞬间让您触电致死。每一扇门上都有一句话，其中一句是真的，另一句是假的。
那么，您应该开哪一扇门呢？

A门：此门是安全的，但B门却能让您致命。
B门：有一扇门是安全的，另一扇门是致命的。

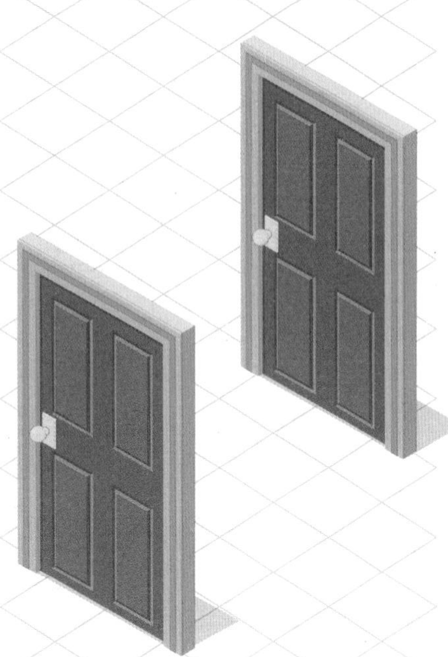

答案见124页

07

以下这些三角形内的字母都遵循了一定的逻辑结构，请问问号里应该填入什么呢？

答案见124页

R A M T

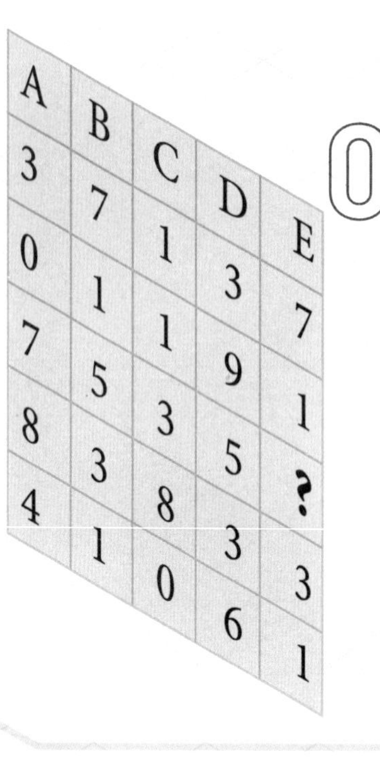

A B C D E
3 7 1 3 7
0 1 1 9 1
7 5 3 5 ?
8 3 8 3 3
4 1 0 6 1

08

以下数字按特定的逻辑规律排列，那么请问问号里应该填入什么数字呢？

答案见124页

答案见124页

09

有三个弓箭手在练习射箭，每个人射完五箭后停下来对比得分。检查完三个靶子后，每个人说了三句话。已知他们的话中都有一句是错误的，您能算出他们各自的分数吗？

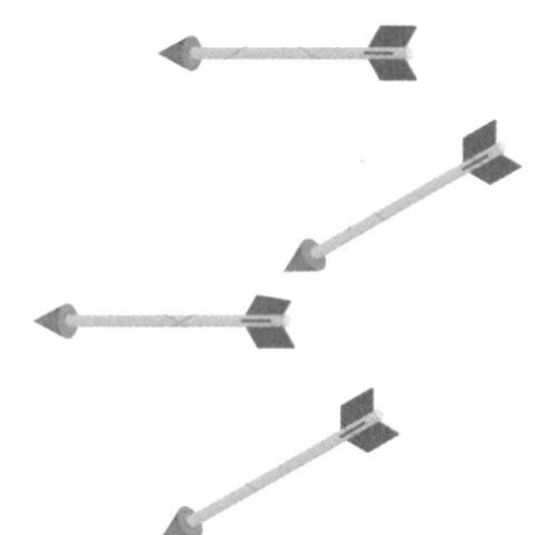

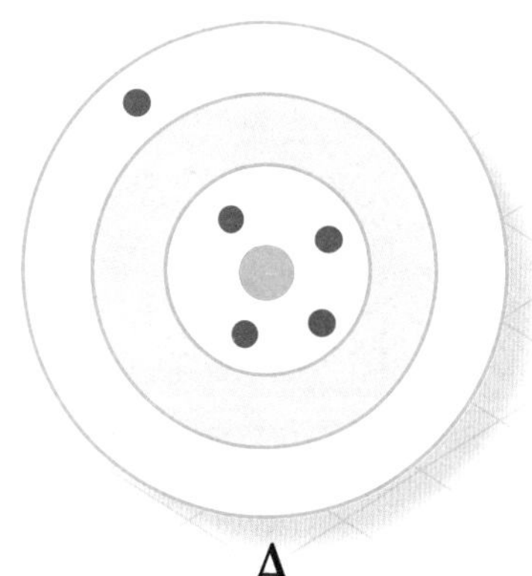

A

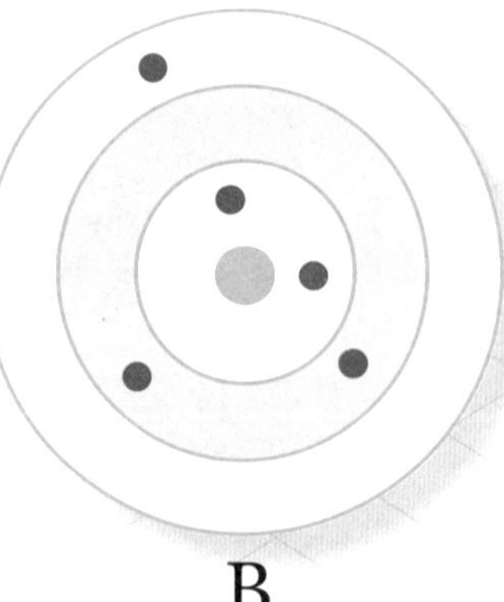

B

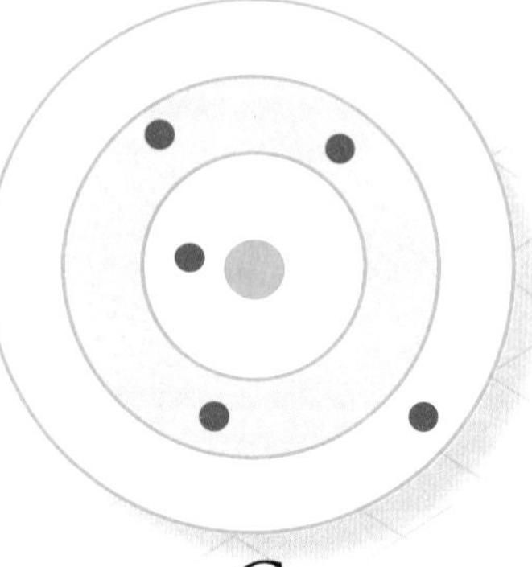

C

A：我比B少40分。
我得了200分。
我比C多20分。

B：C总分为260分。
我不是得分最低的。
C与A之间相差20分。

C：A得了220分。
我的得分少于A的得分。
B的得分比A多了60分。

答案见124页

10

A对应B，就像C对应V、W、X、Y、Z中的哪一个呢？

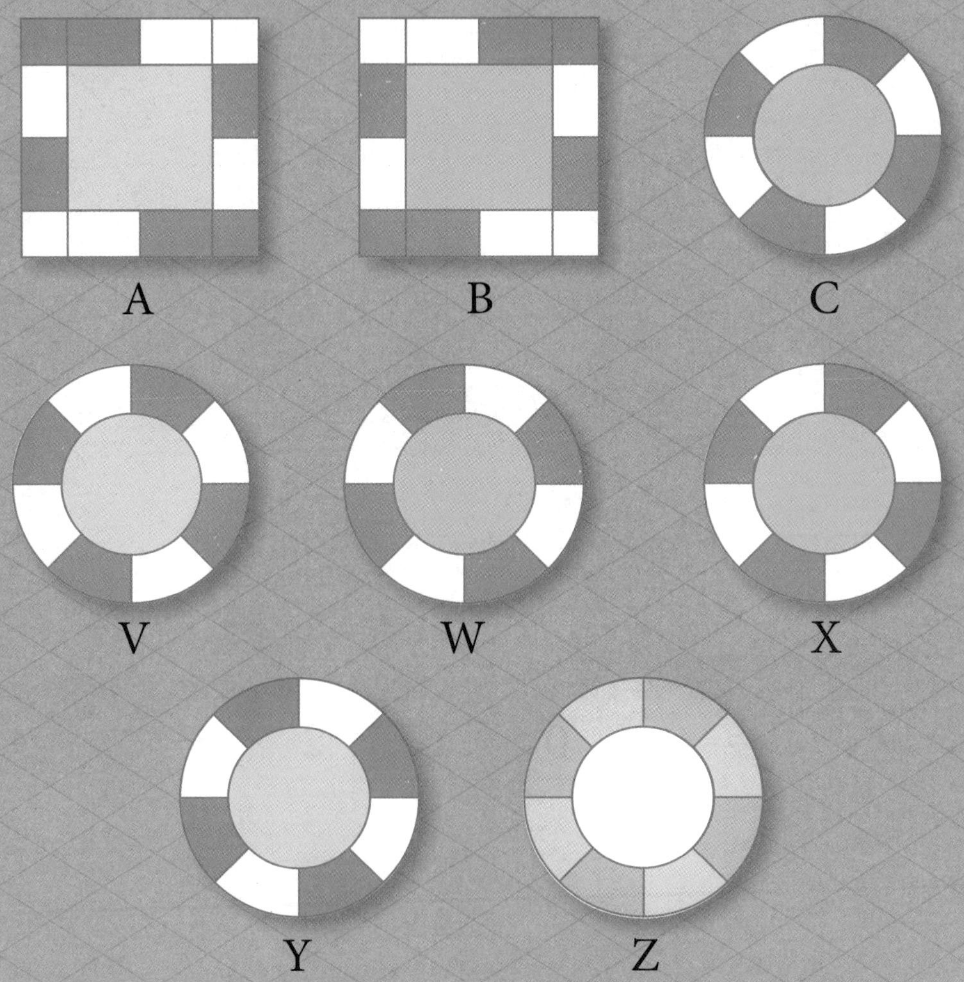

11

下图为一个5×5方格数字拼贴图。当重组这个拼贴图时，要求：每一行和对应列数的五个数字都完全相同、即第一行和第一列的五个数字都相同，以此类推。您能重组该拼贴图吗？

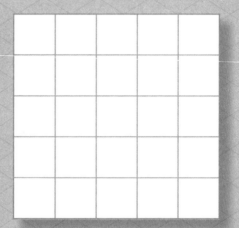

答案见124页

4	9	4

5	7

5	7

2	8	5

3	4	0	6	2	3
0	9	2	3	3	5
2	4	8			

12

请画出三个圆圈，要求每一个圆圈里都要完全包含一个三角形、一个正方形和一个五边形。并且每两个圆圈内的三个图形不能完全相同。

答案见124页

13

有十个人分别站在市中心的不同位置上，准备碰面。请在图上确定一个街角做为集合地，使所有人走的总里程数最短。

A B C D E F G

1
2
3
4
5
6
7

答案见124页

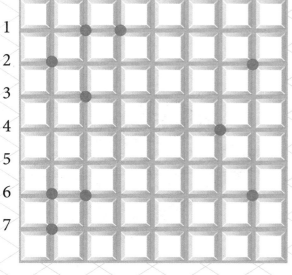

14

有十个人面对面坐成两排，男士坐一排，女士坐另一排。请从以下所给的信息，判定皮普坐在哪号桌上？

皮普挨着一位坐在理查德对面的女士。亚当挨着汤姆。爱丽丝与艾米丽隔着两张桌子。格拉哈姆对着一位挨着艾妮达坐的女士。约翰或者理查德坐八号桌。爱丽丝挨着一位对面是十号桌的女士。艾妮达对着约翰。汤姆与约翰隔着两张桌子。亚当对着艾米丽。爱丽丝或者卡珊德拉坐三号桌。一号桌对着十号桌。

答案见124页

15

以下是美国五个州的州名，您能将它们破译吗？

DMZUWVB
SMVBCKSG
WZMOWV
VMJZIASI
WSTIPWUI

16

请用六条线段，要求：每一条线段至少有一个端点在下面盒子的边上，并且这六条线段把盒子分成七块，且每一块分别包含一、二、三、四、五、六、七个五角星。

答案见125页

17

按照顺序，请问问号处应该填入哪个数字？

答案见124页

18

两人下棋，规则为：赢一局得2分，平局得1分，输一局不得分。两人从零分开始比赛，三局过后，A和B都得4分。请问这种情况可能发生吗？

答案见125页

19

下图中这些三角形内的数字按一定的逻辑结构排列，请问问号里应该填入什么数字？

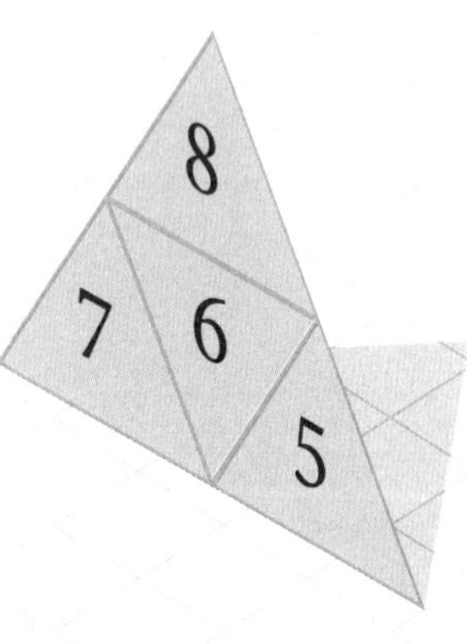

答案见125页

20

请将下面的四边形分割成四个形状完全相同的部分，要求每个部分包含五种元素各一个。

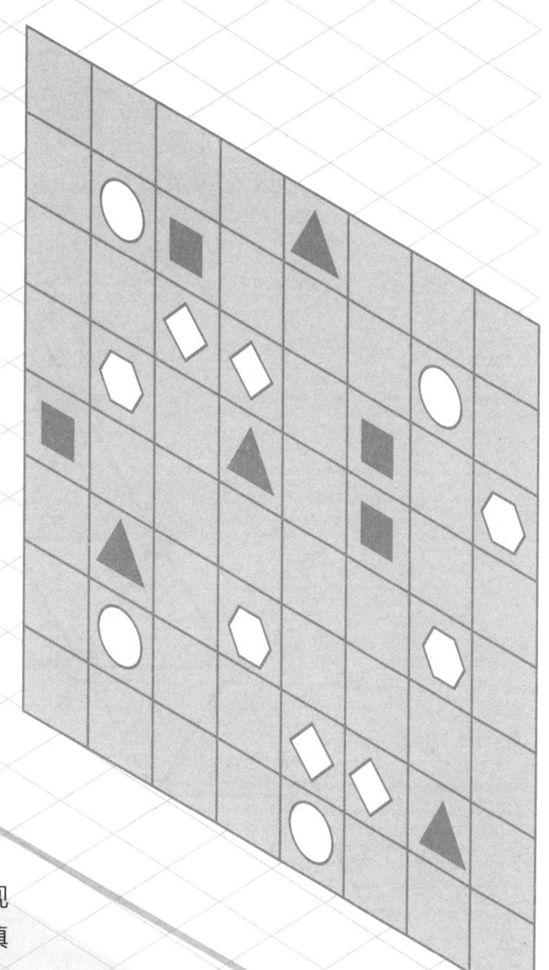

答案见125页

21

下列数字符合特定的逻辑规律，那么请问问号里应该填入什么呢？

答案见125页

4　9　21　45　81

6　14　32　62　?

22

请用下面给出的碎片拼出它上方的三角形阵。确保拼接时碎片摆放后的形状与上方三角形阵完全相同。碎片覆盖了所有的连接点，但并不会覆盖所有的连接线。

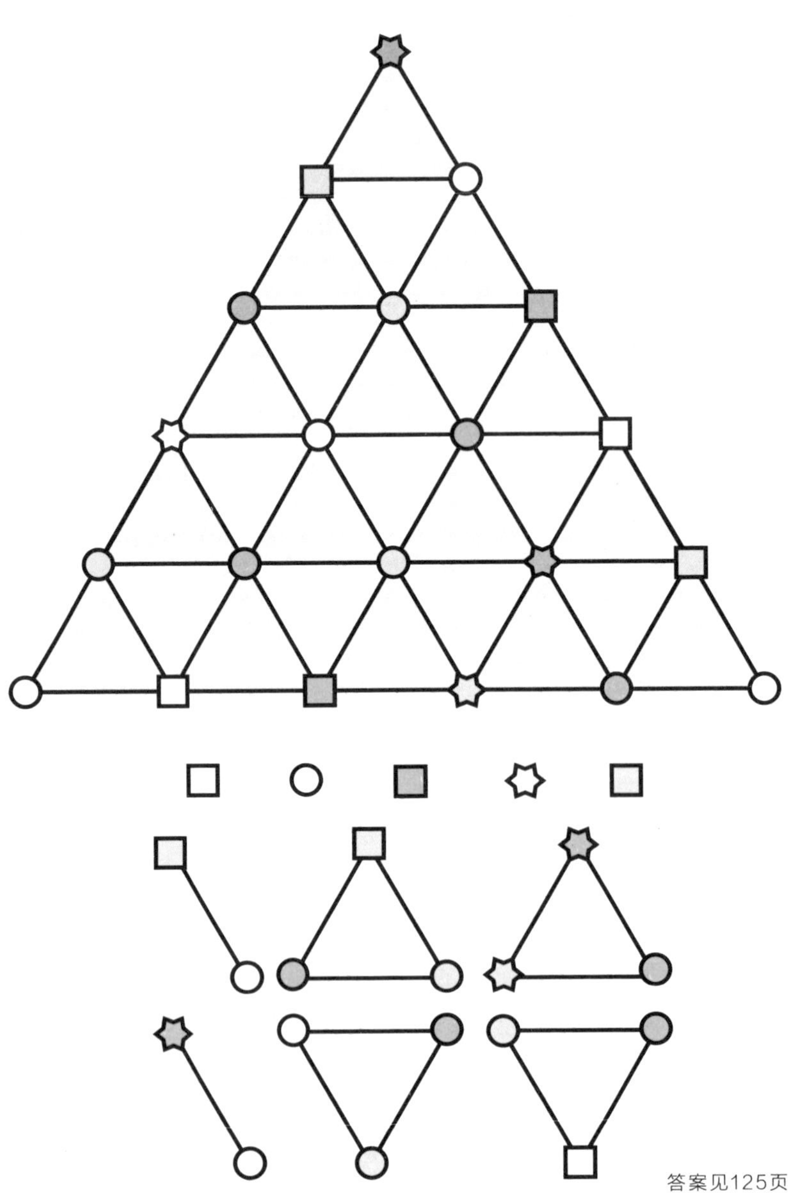

答案见125页

23

请将下方给出的数字准确地填入表格内。

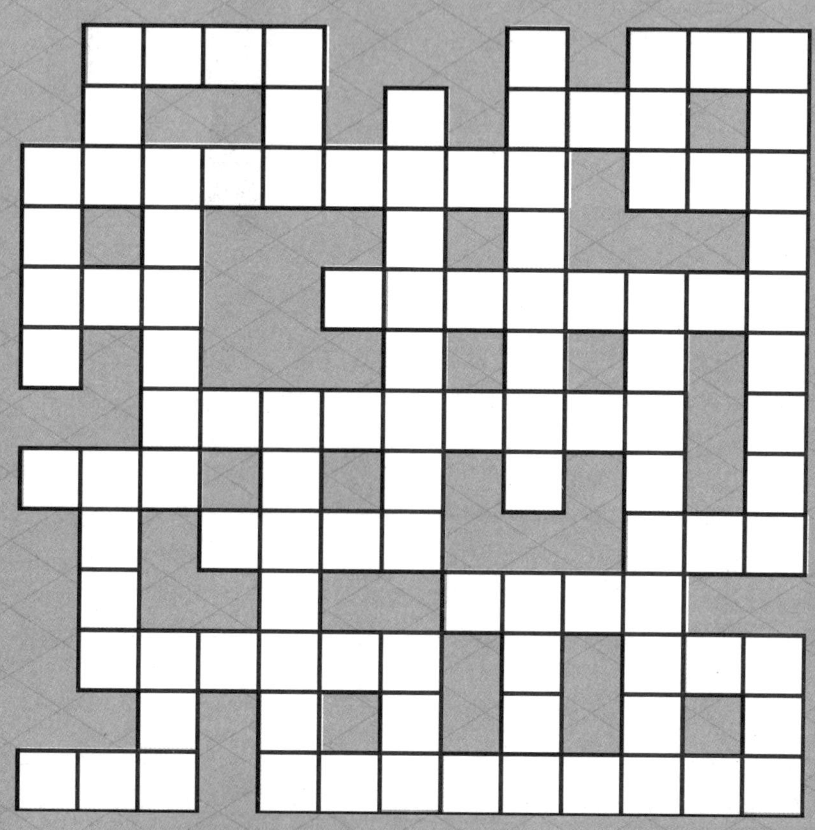

三位数：
230
251
261
366
452
475
563
566
631
662
699
713
719
843

四位数：
1870
3822
6748
6841
7908
8145

六位数：
342655
821465

七位数：
9780436

八位数：
35464363
85156270
96936352

九位数：
303952649
569429503
643654970
693039529
936135966

答案见125页

24

在您面前有三位男士：A先生、B先生和C先生。他们互相认识。他们三个中的任何一个要么总说谎，要么从不说谎。现在他们每个人陈述一句话，但您无法听到A先生的陈述。B先生说：“A说过他是一个骗子。”C：先生说：“B正在向您说谎。”

如果有此人的话，请问是谁从不说谎？

答案见125页

答案见125页

25

如图所示，这些符号都有特定的位置，外围的四个圆中的图形要想在中间的圆圈中出现，必须遵循以下规则：如果其中一个元素只出现过一次，那么它一定被转入中间的圆圈中；如果出现两次，那么在同一位置没有其他元素的情况下，也会被转入中间的圆圈中；如果出现三次，那么在其他只出现一次的元素没有占位的情况下，可能会被转入中间的圆圈中；如果出现四次，那么一定不会被转入。该规则下的相同数量的元素间需要竞争占位，其竞争顺序是从上到下，优先从左上角开始，依次是右上角——左下角——右下角。请画出中间圆圈内图形的样子。

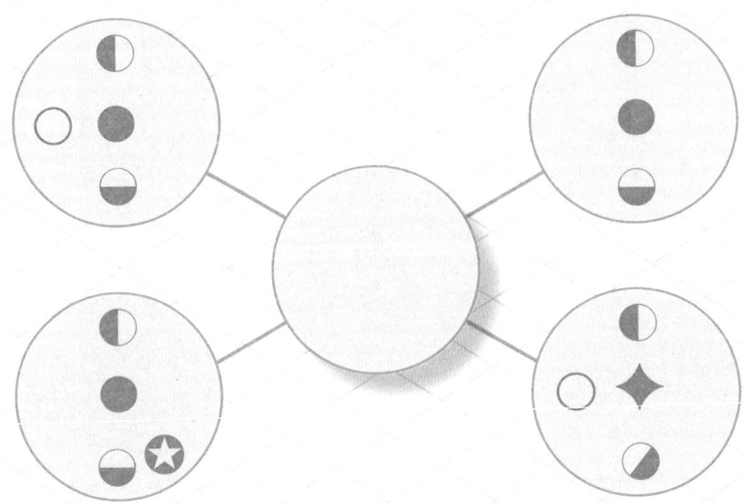

26

以下这些圆圈内的数字遵守了一定的逻辑顺序，请问问号处应该填入什么数字呢？

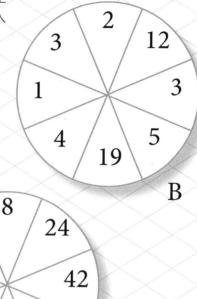

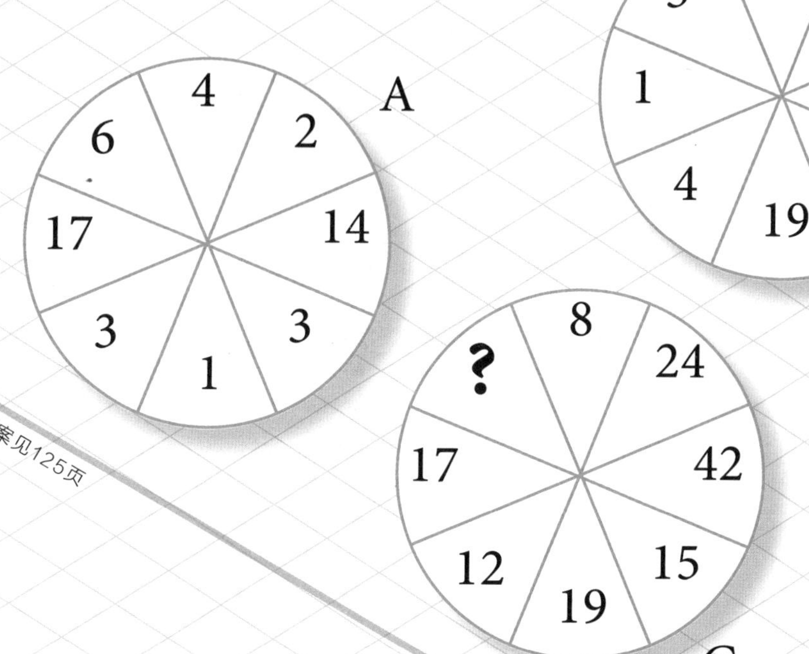

答案见125页

27

图表里的数字按照一定的逻辑顺序排列，请将缺失的数字填入问号里。

答案见125页

28

在以下较长的除法运算中，每一个数字都被任意给出的符号所取代。请列出原始的除法运算式子。

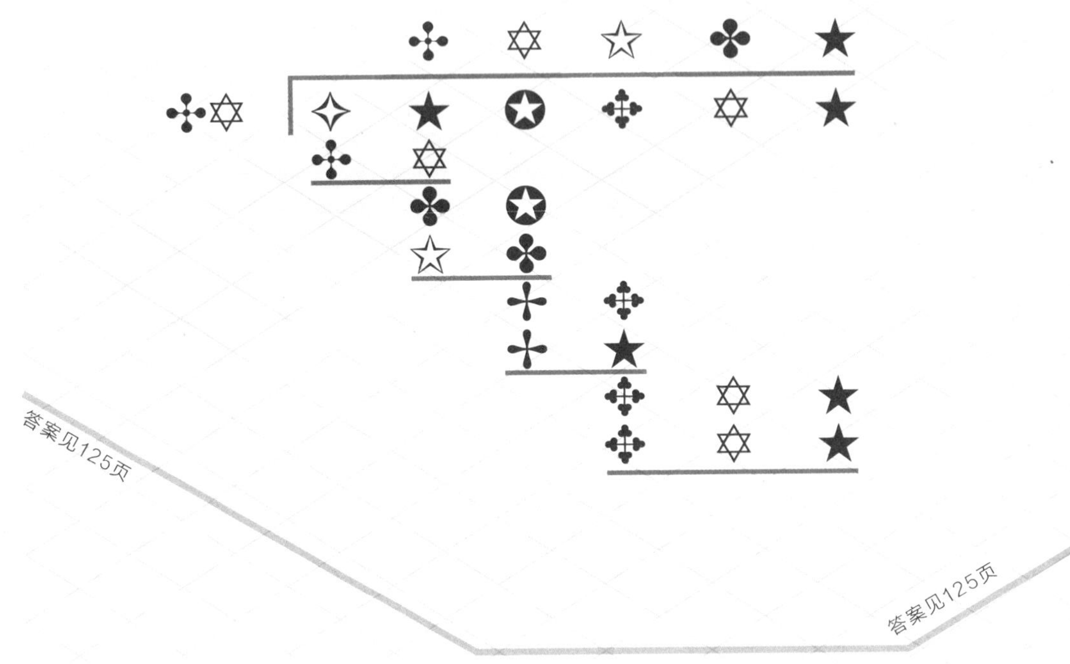

答案见125页

答案见125页

29

您提出了一个理论推测，分别请三位科学家评估该理论正确的可能性。三位科学家都独立工作，互相没有任何交流。几天后，您拿到了评估结果。第一位科学家称："80%。"，第二位同样称："理论正确的可能性为80%。"最后一位科学家得出与前两位一样的结论："该理论正确的可能性为80%。"

请问：该理论实际正确可能性为多少？

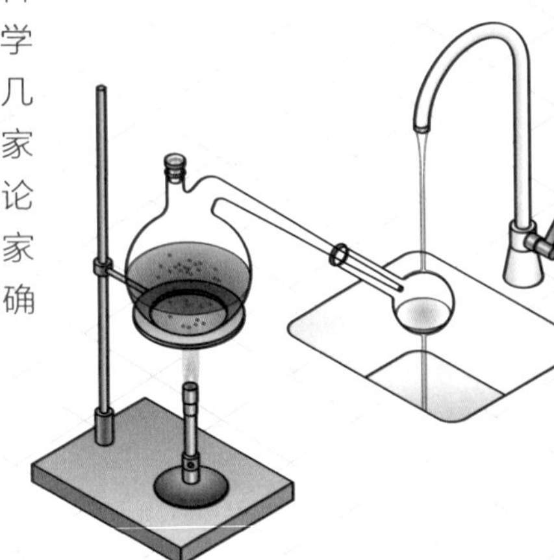

30 下面A、B、C、D中哪组图形最能对应上方的大图组合？

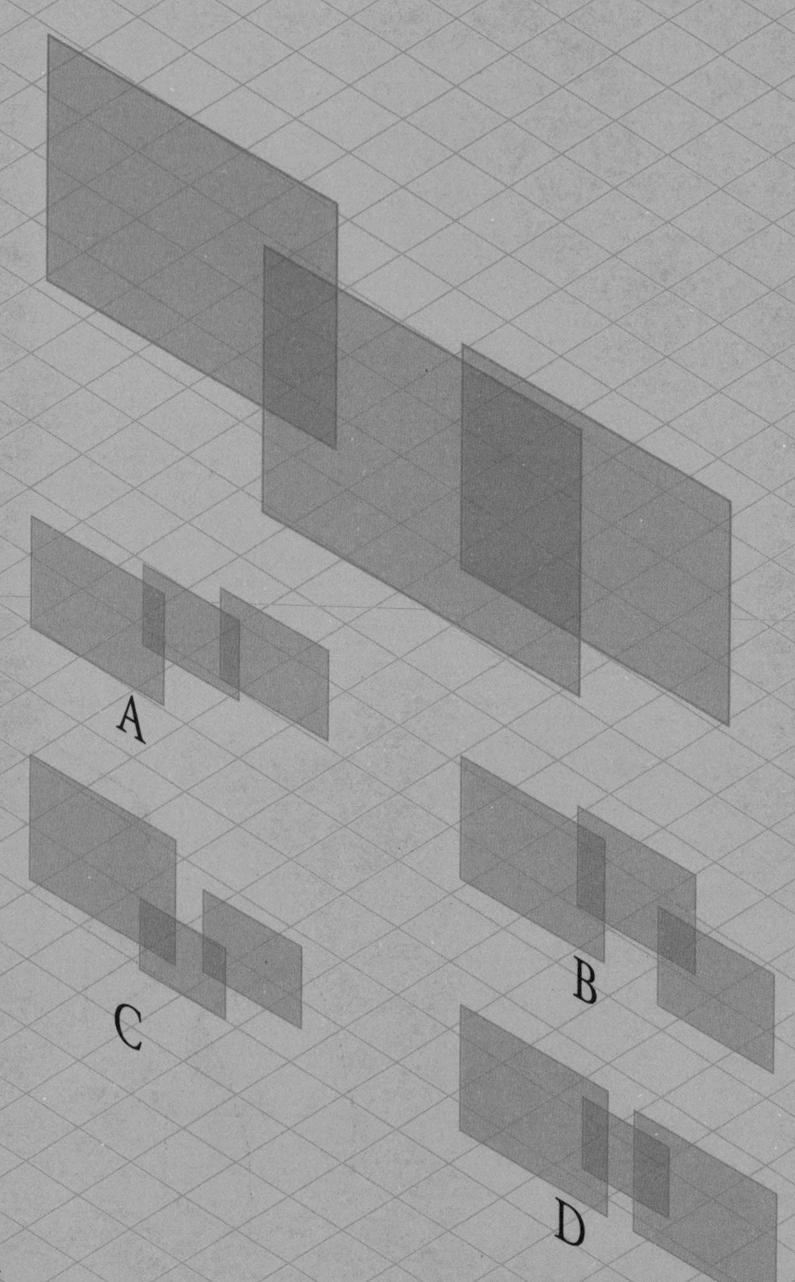

答案见125页

31

该图表按一定的逻辑顺序组合，请问图中顶端三角形应该包含什么图形？

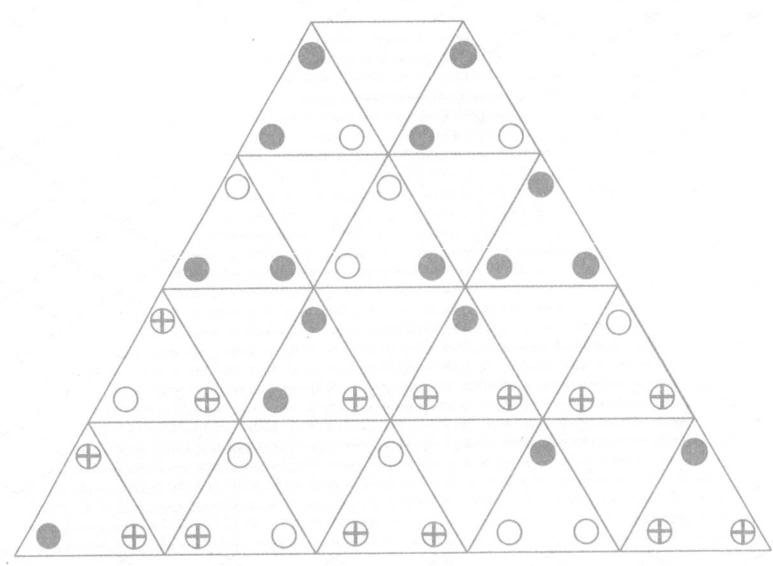

答案见125页

答案见125页

32

有两只密封的袋子A和B。袋子中装的是一只梨或一只面包，其概率均等。一个人将一只梨装入了袋子B中，摇晃袋子后随意抽出一物，为梨。现在，请您选择一只袋子打开，请问哪只袋子中更有可能是一只梨？

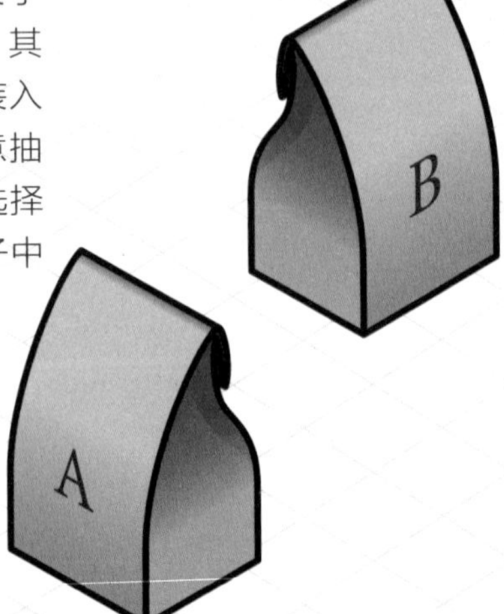

33

右图中正方形内的数字和字母排序遵循一定规律，请问问号处应填入哪个数字？

答案见126页

34

试想一张非常大且非常薄的纸，其厚度为十分之一毫米。将其切成两半，叠放在一起。再切割这两份，使其变为四份，再放在一起。以这种方式继续切割，直到五十次切割后结束。假设这张纸每次都能正好被切割成二等份，并且您有足够的身高来将每次切割后的纸张摞起来。

请问：五十次切割后，这叠纸的高度为多少？

答案见126页

35

下方的几串数字代表着一些城市，它们的字母被编码成数字，这样可以在一个特殊的号码盘上以数字的形式显示。现在，您能将这些数字解码为城市名字吗？

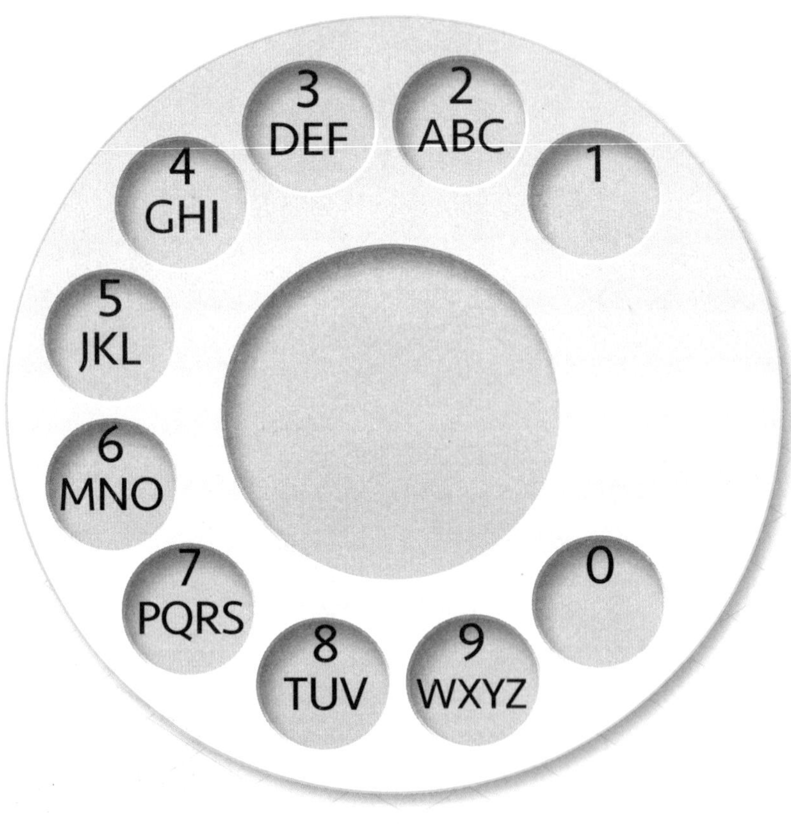

772 483

227 235 662

452 746 9

274 722 63

826 268 837

382 24

答案见126页

36

单词TROTTING在下图中只出现一次，可通过横向、纵向或斜对角方向来找该词。请在下图中找到该词。

T	O	T	T	R	N	G	T	T	G	R	G	T	T	T
T	T	T	I	I	I	G	O	I	T	T	T	T	O	T
T	N	G	G	I	T	G	N	T	N	R	G	G	O	T
N	O	T	G	O	O	N	O	I	T	G	O	R	G	T
T	T	I	O	T	N	T	T	T	T	O	T	O	T	I
R	R	G	T	T	G	R	O	I	G	T	T	T	T	R
T	O	T	I	N	I	O	T	T	N	I	O	R	T	G
T	T	O	N	T	T	N	O	G	R	R	T	R	R	G
G	G	T	I	I	G	T	N	G	I	G	O	N	T	G
R	G	O	T	T	T	I	O	R	N	T	T	T	O	G
R	N	R	O	T	R	N	T	I	T	T	O	R	G	T
T	I	R	N	N	T	G	T	T	G	G	N	I	G	T
G	R	G	O	T	G	T	O	O	O	N	T	T	T	T
T	T	O	N	R	T	N	R	T	N	T	R	G	O	O
O	T	I	T	T	T	N	I	N	T	R	N	O	T	N

答案见126页

37

请找出下图中字母排列的规律，在问号处填入正确的字母。

答案见126页

答案见126页

38

下图十二时制的时钟按一定的规律呈现时间，请算出第五个钟表上显示的时间。

1 11 57 23

2 10 44 19

3 08 18 11

4 04 38 59

5 ?? ?? ??

39

观察下图，请画出一个最大的与表内图案一致的图形。要求：所画出的图形每一条边既不能触到任何一条边，也不能画出该图表区域。

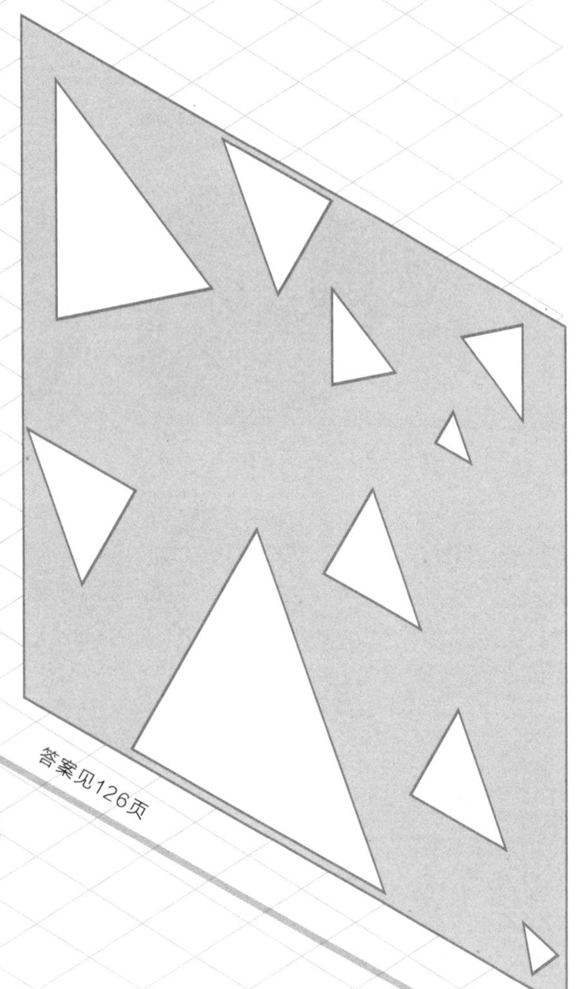

答案见126页

40

三个骗子被告抢劫，现每个人分别做一条陈词，但只有一句陈词是实话。您能辨别出哪句话是实话吗？

A：“B在说谎。”

B：“C在说谎。”

C：“A和B都在说谎。”

答案见126页

41

图形1对应图形2，就像图形3对应下面的哪一个图形呢？

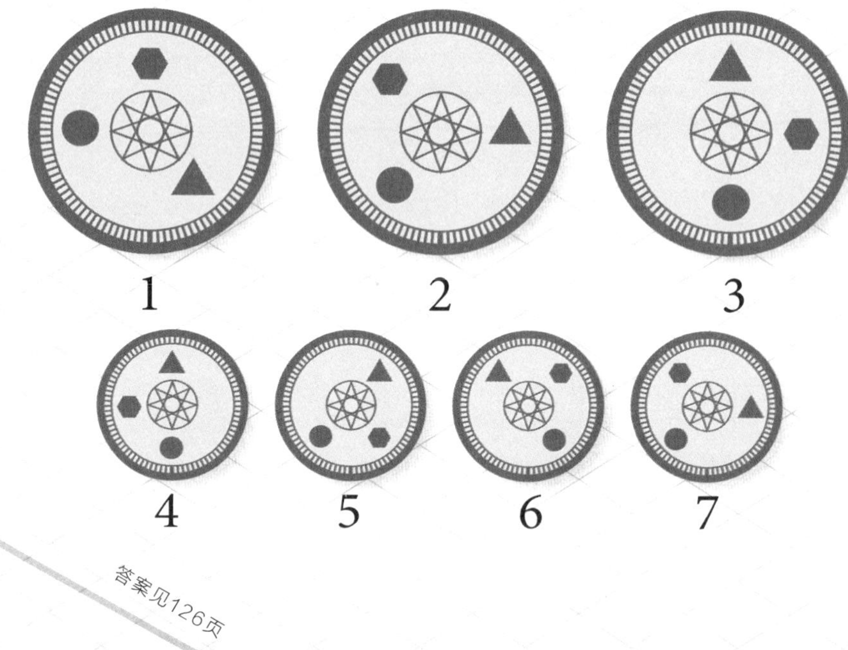

答案见126页

42

下图中的每个表格按一定的规律排列，请问问号处应填入什么呢？

答案见126页

43

下列图形A到E中，添加一个小球后，哪一个与最上方图形中的小球的情况相匹配？

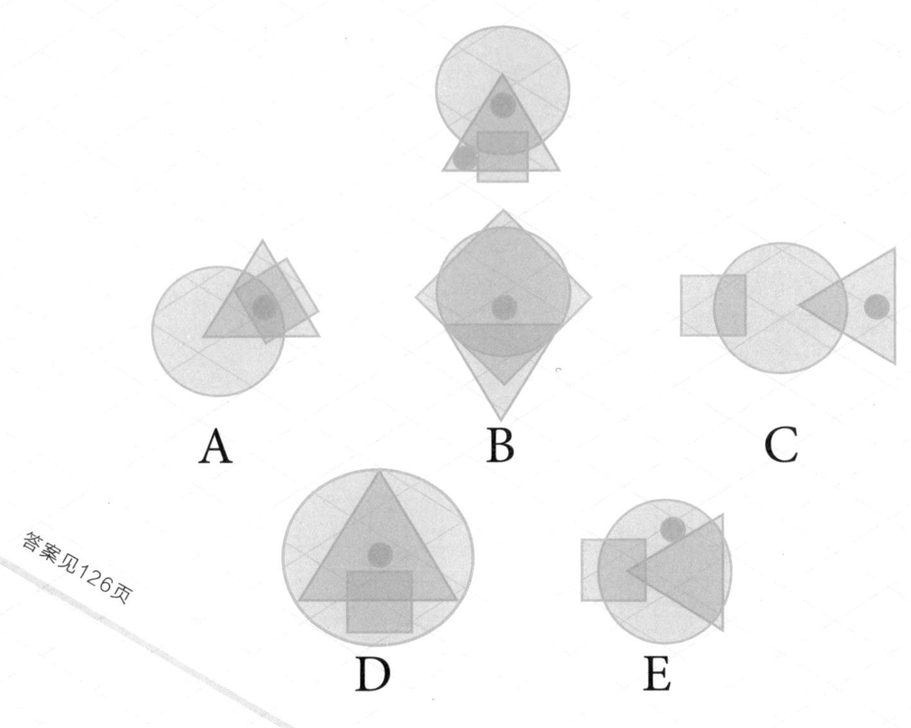

答案见126页

答案见126页

44

在一家象棋俱乐部里，有60人：32名为女性，45名为成人，有42人或戴边框眼镜或戴隐形眼镜。请问至少有多少人（不能为零）全部符合以上三个条件？

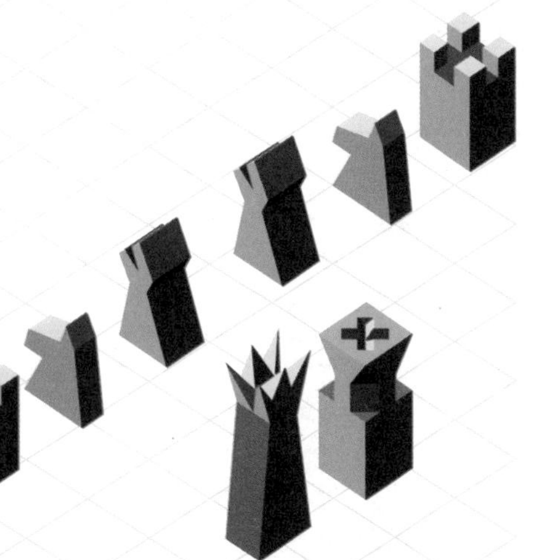

45

五个人在一场会议中相遇，聊起天来。根据他们的聊天信息，请说出：什么是俄勒冈州人最爱吃的食物?

聊天信息如下：

来自佛蒙特州的人爱吃樱桃，这个人既不是玛格丽特也不是奥蒂斯。

有人称他们最爱吃的食物是鸭肉，他是名工程师，但不是出生在俄亥俄州的博比。

赫什和安琪都不是植物学家。

研究员爱吃羊肉。

出生在路易安那州的这个人不爱吃巧克力。

安琪出生在亚利桑那州，不是工程师。

玛格丽特是名医生，不是在俄勒冈州出生。

该组中有一人是农民，有一人最爱吃的食物是面包。

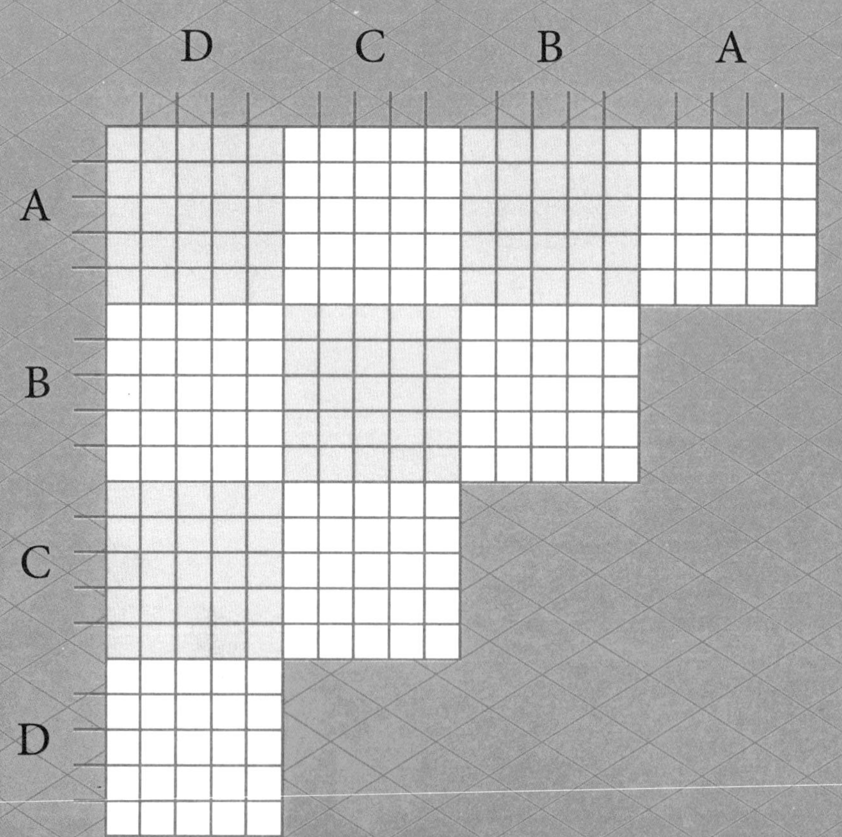

答案见126页

46

下图按照一定的逻辑顺序排列，请问：缺失的一角应为什么样的图形？

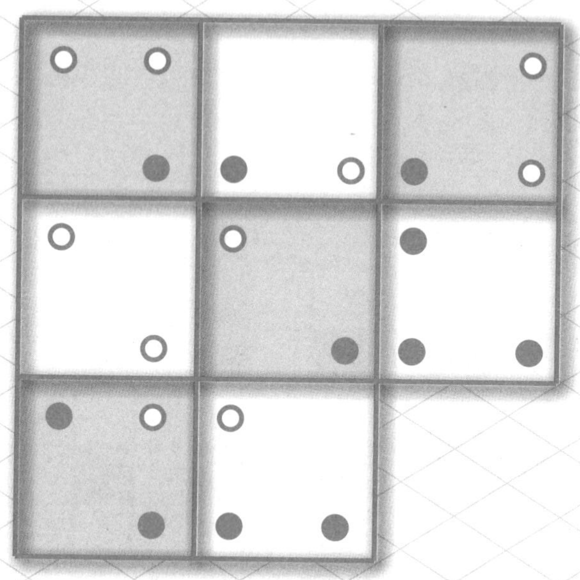

答案见126页

47

下图中表格里的数字都按一定的规律排列，请问问号处应填入什么呢？

答案见126页

答案见126页

48

在下图中，26个字母被随意排列的数字一一取代。据此，您能用字母正确填写此表吗？填写完成后，每一组为一个英语单词。

	3		22		7				26		22		8	
15	21	2	24	20	2	14	12		21	9	21	24	25	21
	24		5		24		25		11		24		14	
15	2	17	18		12	25	10	2	11	21	24	2	6	25
	8				25		13		25		13		13	
7	4	25	25	9	19		11	4	14	13	7	2	17	6
			17		25		25				12		21	
	26	2	1	21	12	13		5	17	7	25	24	24	
	25		2				14		25		25			
25	12	25	17	11	21	11	25		6	5	14	25	24	19
	2		12		3		10		11				25	
3	13	24	24	13	23	5	2	21	24		11	6	21	14
	3		2		5		10		2		5		10	
20	14	5	17	25	2		25	17	17	13	20	24	25	6
	25		16		11				16		25		6	

1	2	3	4	5	6	7	8	9	10	11	12	13
						W						
14	15	16	17	18	19	20	21	22	23	24	25	26
									Q	L		

几位剧作家将他们名字中的元音字母和空格拿掉了。您能将其复原吗？

STPHNPLKFF
SCRWLD
JHNNWLF-
GNGVNGTH
FDRCGRCLRC
LLLNHLLMN

GRGBRNRDSHW
NKLGGL
RSTPHNS
CHRSTPHRMRLW
SRHKN

答案见127页

下面的3×3图表中有一块是错误的，您能找出来哪块错了吗？

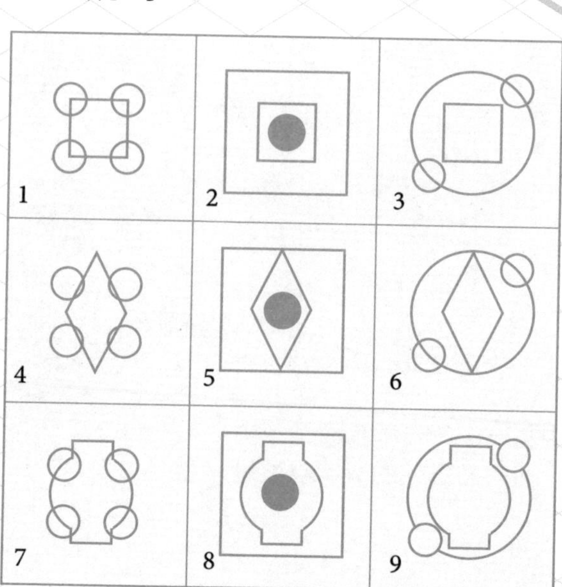

答案见127页

51

请重新排列以下数字，使其等式成立。
注意：不要添加任何运算符号。

4 2 6 = 1

答案见127页

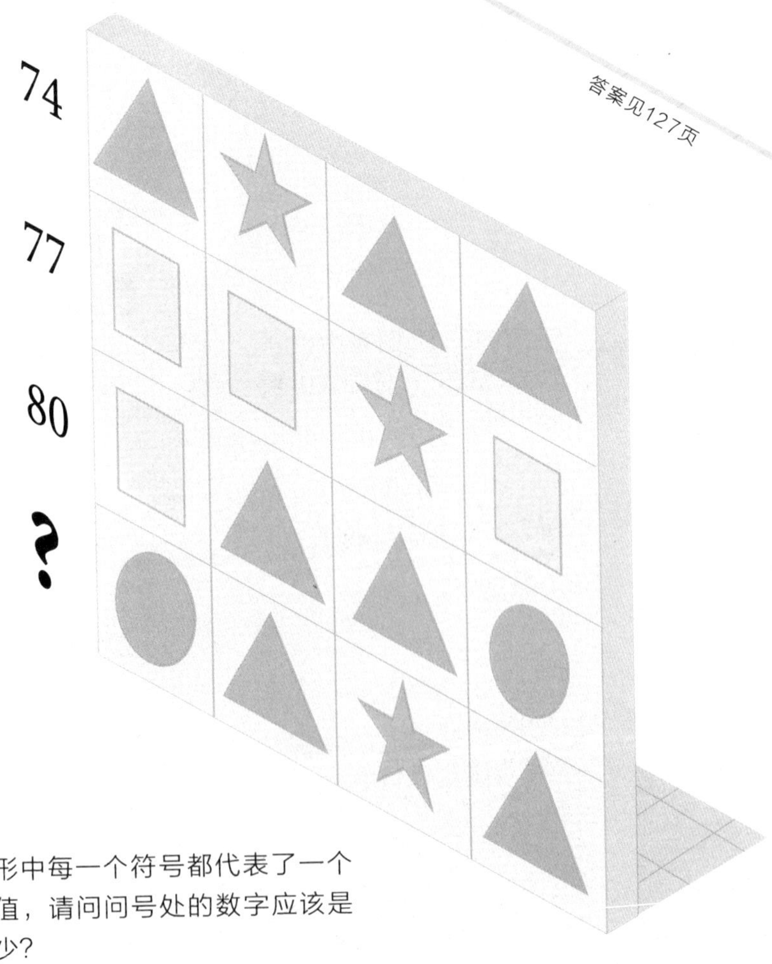

52

图形中每一个符号都代表了一个数值，请问问号处的数字应该是多少？

53

下图中每一个小方块里的信息指示着要到达的地方。L:左，R:右，U：上，D：下。例如：3R代表向右移三格，4UL代表向左上方斜移四格。您的目标结束格为F，每个格子只能到达一次。请找出开始格。

3R	1D	1L	2D	2L
3D	3R	2L	3D	1L
2R	1UR	F	3L	3L
3U	3R	2L	1UR	3U
1R	1U	1U	1R	2L

答案见127页

下图中的时钟按一定规律排列，请将钟表4中缺失的时针画出来。

答案见127页

55

请问下图中哪一个图案与众不同？

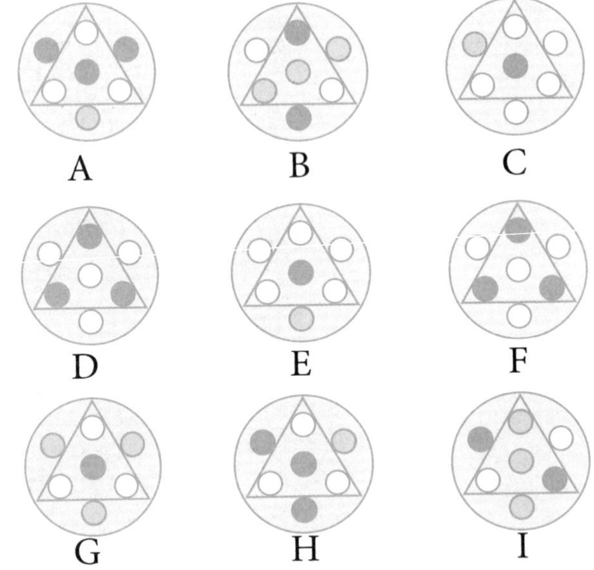

答案见127页

答案见127页

56

图中的数字按规律排列，请问问号处应填入什么数字？

57

从下图中的任意一角开始走，到第五个图形处停下，中间不能退格。将经过的五个数字（包括开始数字）相加，得到最大的一个数字是多少？

答案见127页

下图按一定的逻辑结构设计而成，请问问号处应该填入什么数字？

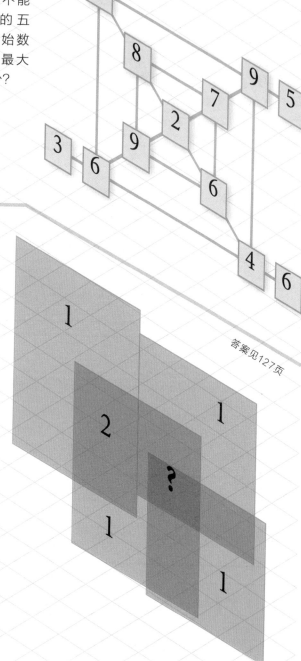

答案见127页

答案见127页

59

下面五块碎片中的四片可以组合成一个常规几何图案，请问哪块被剩下来了？

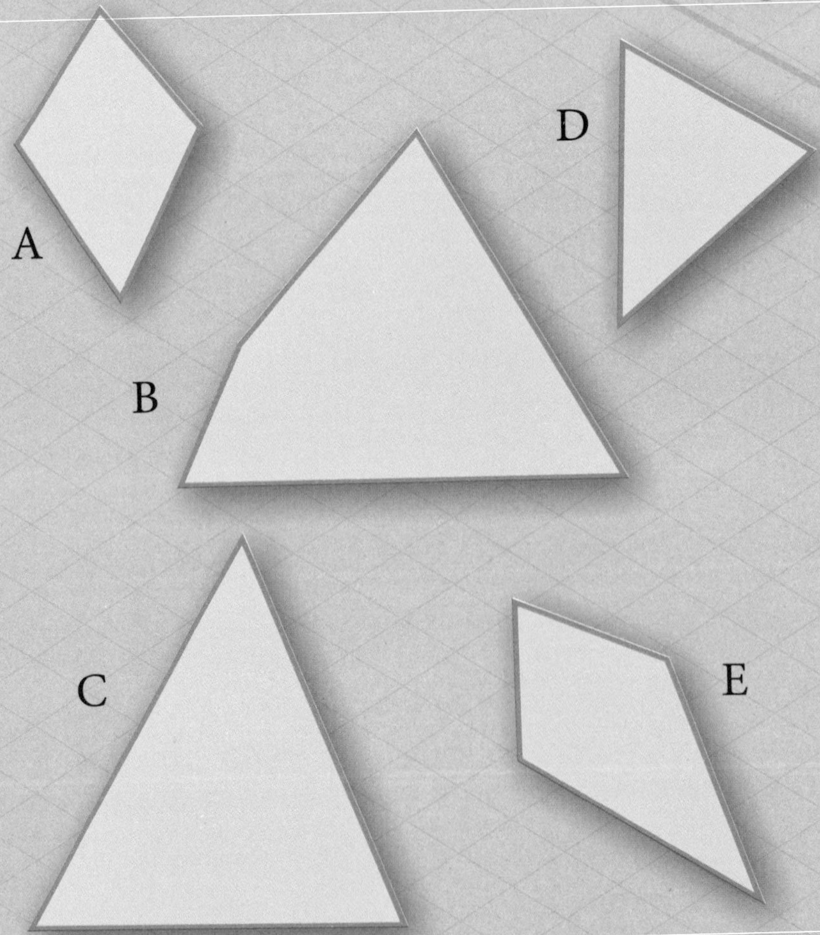

A

B

D

C

E

一场比赛以四程的得分来计算成绩，如下，给出每程距离，单位为千米，每个人的平均速度，单位为米/秒。以下为排前五名的选手信息，请算出哪一位选手获胜？总共耗时多少？

参赛者	赛程	A-B	B-C	C-D	D-E
	距离	4.5km	2.7km	3.3km	1.3km
V		4.4	3.3	4.8	5.1
W		4.7	2.9	4.4	5.0
X		4.1	3.7	4.3	5.1
Y		4.6	3.3	4.9	5.2
Z		4.5	3.4	4.6	5.1

答案见127页

61

请填入运算符号“+”或“-”，使等式成立。

12 ◯ 17 ◯ 9 ◯ 6 ◯ 14 = 12

26 ◯ 10 ◯ 4 ◯ 17 ◯ 11 = 14

−15 ◯ 17 ◯ 9 ◯ 8 ◯ 13 = 16

62

下图中每个圆圈内都包含一个作家的名字和其所著的一部文学作品的名字，您能将它们解码吗？

A: CMROLF OSOCANSUEESIHPRTMALTIRE

B: WECKGJSENAIFSMOAAENEJYN

C: GCRETELIVUTOSANDEIOYDXOBMNEUE

答案见127页

答案见127页

63

若Kelly（凯丽）喜欢rugby（英式橄榄球），Amarantha（艾美罗莎）喜欢decathlon（十项全能运动），Jocasta（伊俄卡斯特）喜欢sailing（航海），请问Millie（米莉）喜欢什么运动呢?

A. athletics（田径运动）
B. snooker（斯诺克台球）
C. football（足球）
D. tennis（网球）
E. surfing（冲浪）

64

问号中的重量为多少才能使天平平衡呢？

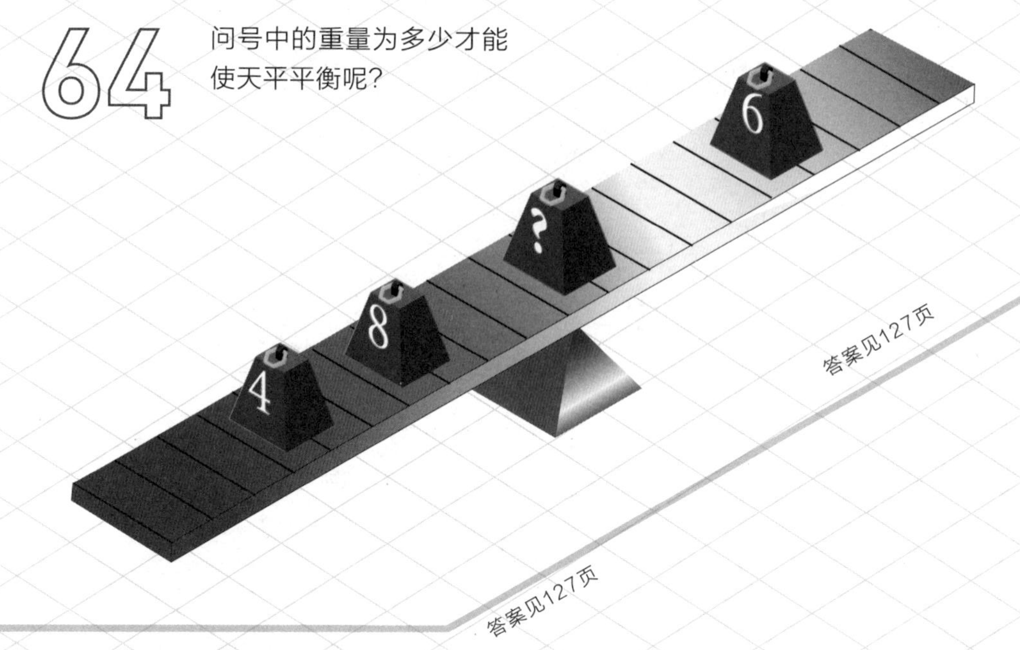

答案见127页

答案见127页

65

下图中的几根火柴棍组成了五块大小相等的正方形，您能移动其中的两根，使该图变成只有四块大小相等的正方形吗？

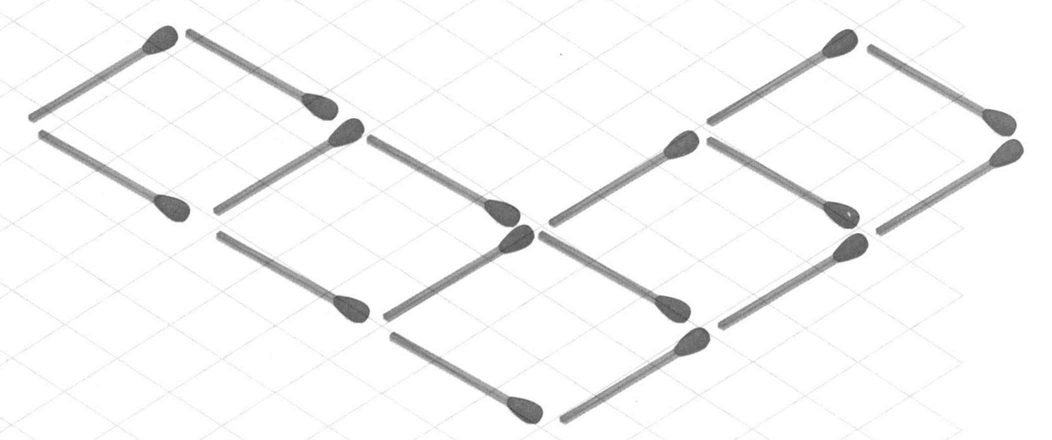

66

观察下列三幅图的排列规律，找出下一幅图应该是A、B、C、D、E中的哪一幅？

答案见128页

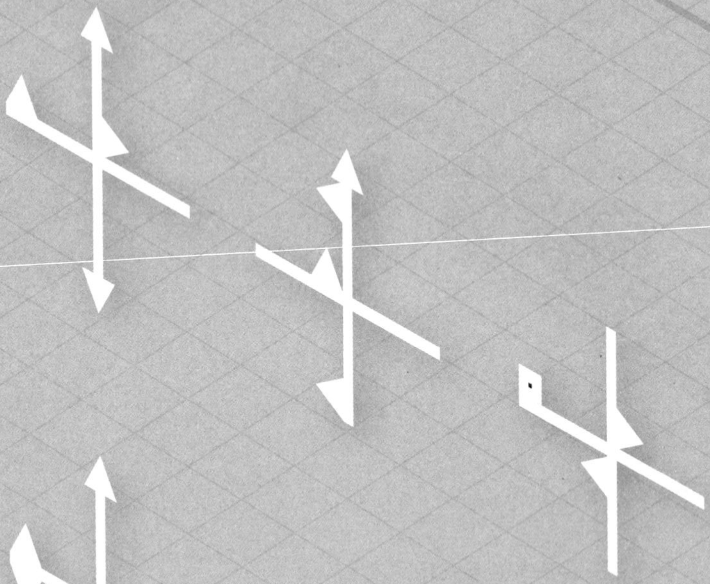

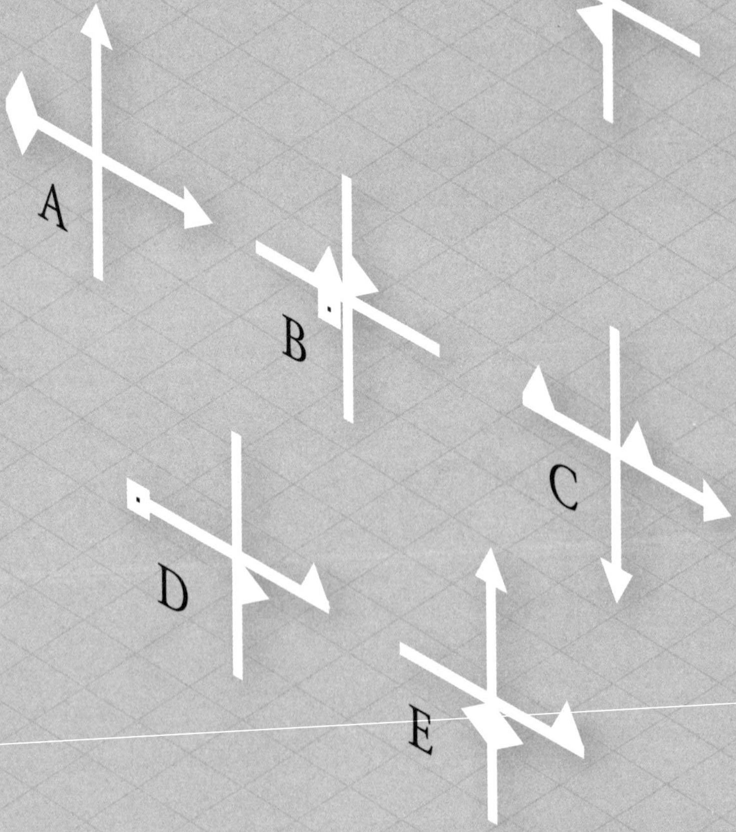

A

B

C

D

E

67

下图中三个圆环中的数字按一定的逻辑顺序排列，请问问号处应该填入什么数字？

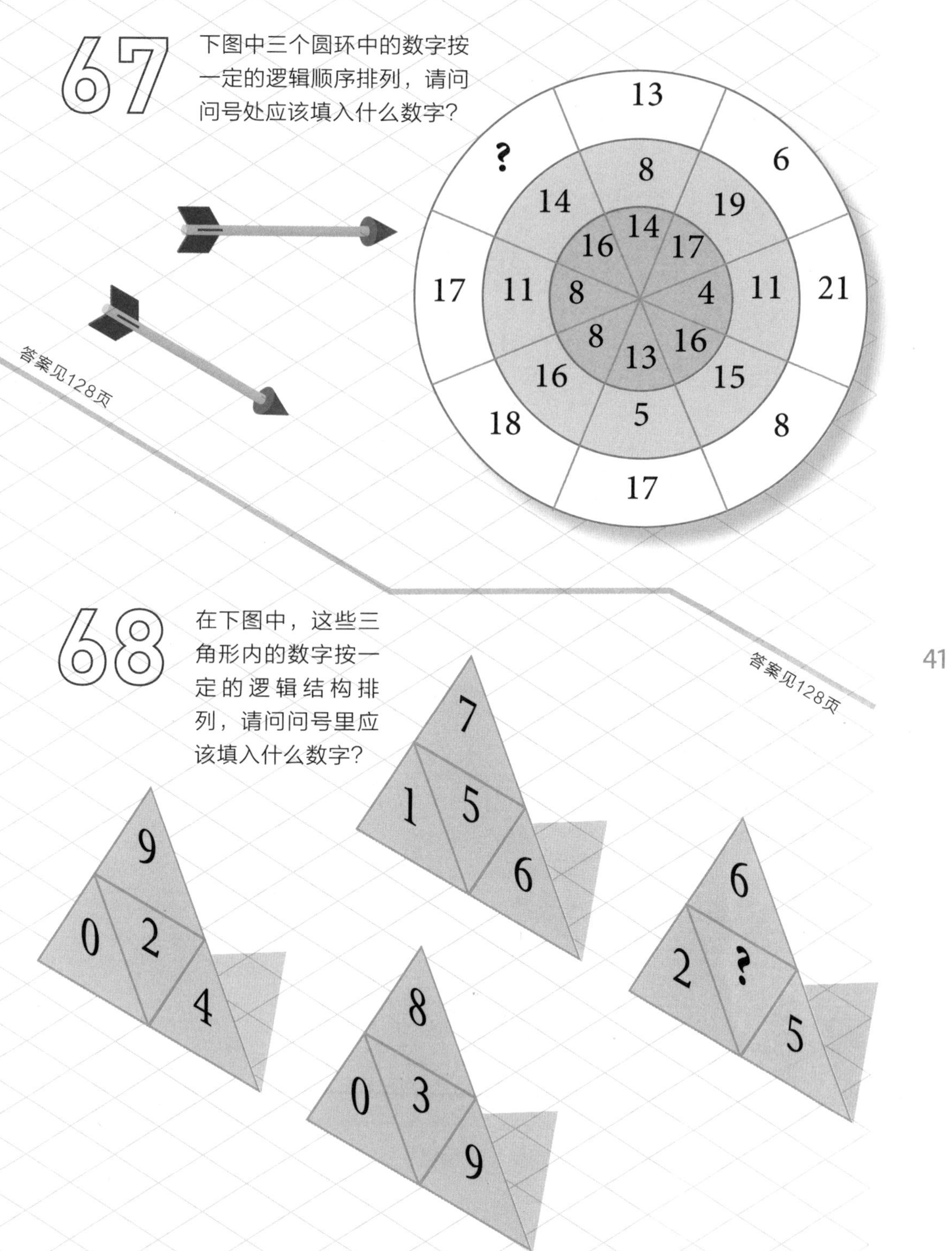

答案见128页

68

在下图中，这些三角形内的数字按一定的逻辑结构排列，请问问号里应该填入什么数字？

答案见128页

3D	1R	1DR	2D	4DL	5L	1DL
4R	5DR	5D	3D	1UL	1U	3D
1UR	3DR	2R	2DR	2R	4L	1U
2DR	3U	1U	**F**	2R	2L	3U
2R	1D	1L	2D	4U	1L	1DL
4U	2U	4R	1DR	2U	2L	4UL
4U	1UL	3UR	3L	3L	4U	1L

答案见128页

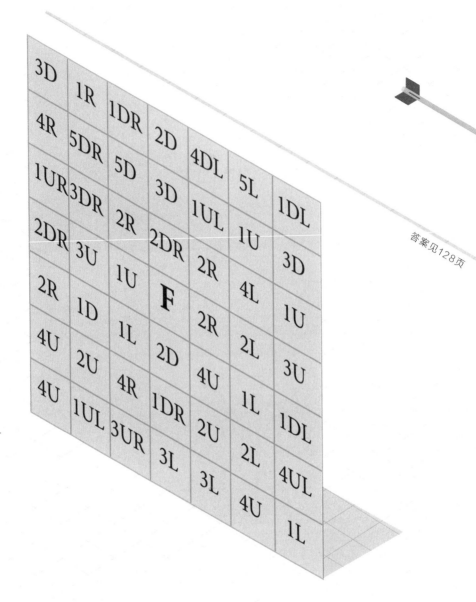

69 下图中，每一个小方块里的信息指示着要到达的地方。L:左，R:右，U：上，D：下。例如：3R代表向右移三格，4UL代表向左上方斜移四格。您的目标结束格为F，每个格子只能到达一次。请找出开始格。

70

下图中，三个圆环中的字母按一定的逻辑顺序排列，请问问号处应该填入什么？

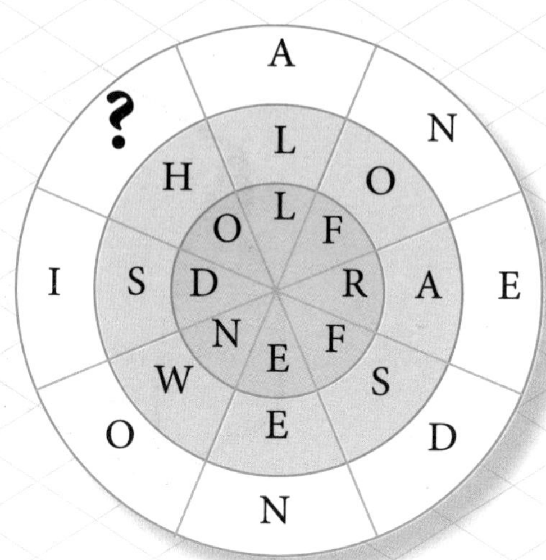

答案见128页

71

下图表格中的数字按一定的逻辑顺序排列，请问问号处应填入什么？

答案见128页

72

一个袋子内装有四台计算器，其中一台计算器颜色为白色，剩下三台的颜色或为黑色或为白色，黑白出现的概率均等。任意取出其中的两台计算器，发现它们的颜色都为白色。若任意取出第三台计算器，那么该计算器为白色的几率是多少？

答案见128页

答案见128页

73

重量为多少才能使天平平衡呢？

74

您能根据下方所给的28组多米诺列表成功分割这个图板吗?

1	0	5	3	1	6	5	5
2	4	2	2	2	6	0	2
6	1	1	6	4	1	6	2
0	1	5	4	3	2	5	0
4	5	1	4	5	3	3	0
3	6	1	4	6	4	2	3
3	6	0	5	0	4	0	3

0 0

0 1　1 1

0 2　1 2　2 2

0 3　1 3　2 3　3 3

0 4　1 4　2 4　3 4　4 4

0 5　1 5　2 5　3 5　4 5　5 5

0 6　1 6　2 6　3 6　4 6　5 6　6 6

答案见128页

答案见128页

75

安娜的妈妈有四个孩子，每一个孩子都令她骄傲。这四个孩子都是女孩，都遗传了妈妈绿色的眼睛和红色的头发。大女儿出生在六月，她的生日花是玫瑰花，因此大女儿叫玫瑰。二女儿出生在七月，她的生日花是百合花，因此二女儿叫百合。三女儿出生在八月，她的生日花是罂粟花，因此她的名字是罂粟。最小的女儿出生在九月，她的生日花是紫苑花。那么，她叫什么名字呢?

76

该图表按一定的逻辑顺序组合，请问图中顶端三角形应该含有什么图形？

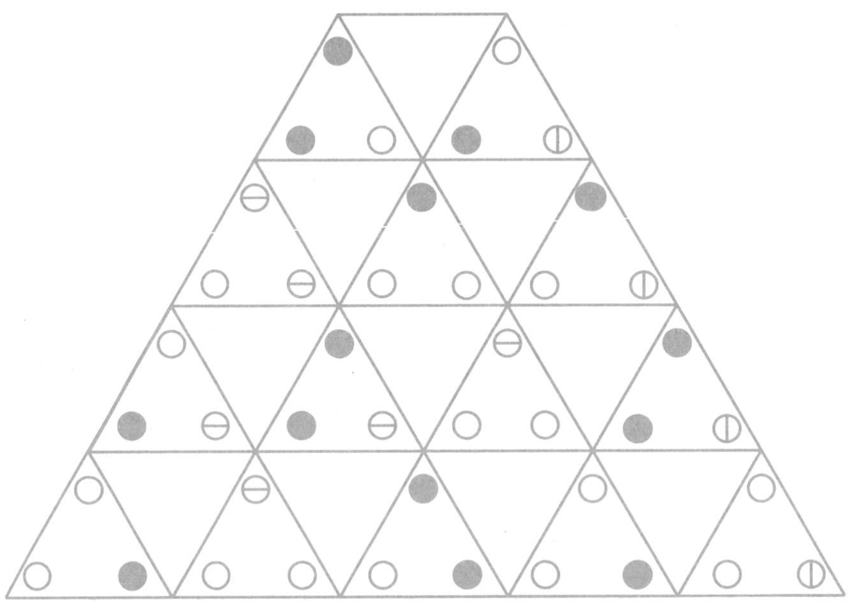

答案见128页

77

请找出下图中字母的排列规律，将正确的字母填入问号处。

答案见128页

78

下图这张网格中的图形按照一定规律排列，请在空白处填入符合规律的图形。

答案见128页

79

以下几组数字按规律排序，
请问问号处应该填入什么？

答案见128页

答案见128页

80

以下几组皆为有名的饮品名称，
您能将它们破译吗？

GUB PDUWLQL
PDQKDWWDQ
ROG-IDVKLRQHG
PDUJDULWD
GDLTXLUL
JLQ ILCC
PLQW MXOHS

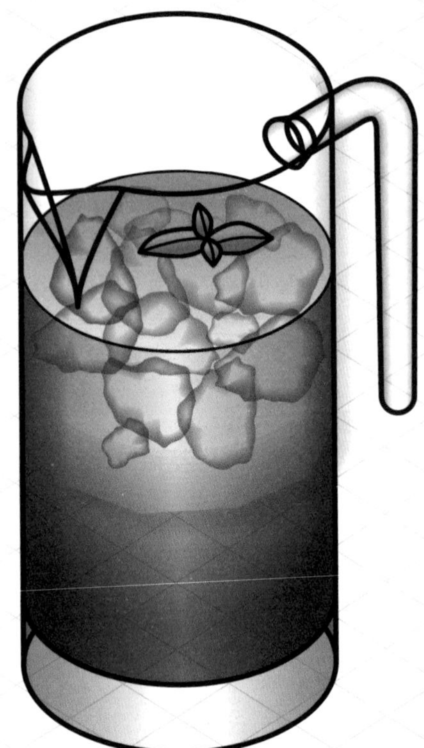

81

若以5英里/时的速度走1英里，那么您需要在回程中走多快才能让您来回的平均速度为10英里/时？

答案见129页

82

有两种药片，您每天各服用一粒。两种药片看起来毫无差别。一天早上，您意识到您无心中从第一只瓶子中取出了一粒药，从第二只瓶子中取出了两粒。您已无法辨认出三粒药的差别。
请问是否有可能在不把三粒药扔掉的情况下，服用正确的剂量？

答案见128页

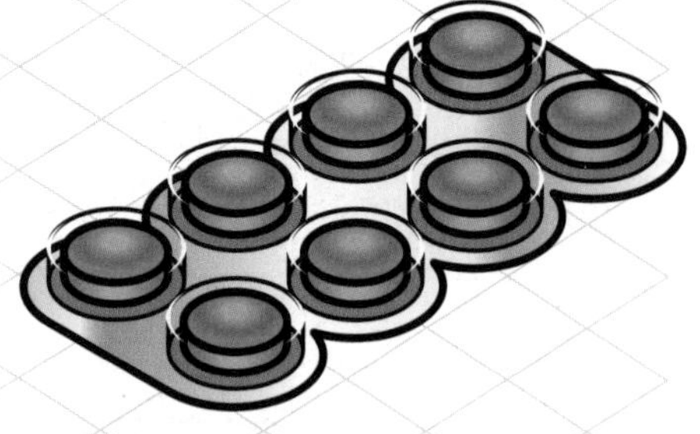

83

下面为一个5×5方格数字拼贴图。当重组这个拼贴时，要求：每一行和对应列数的五个数字都完全相同。您能重组该拼贴图吗？

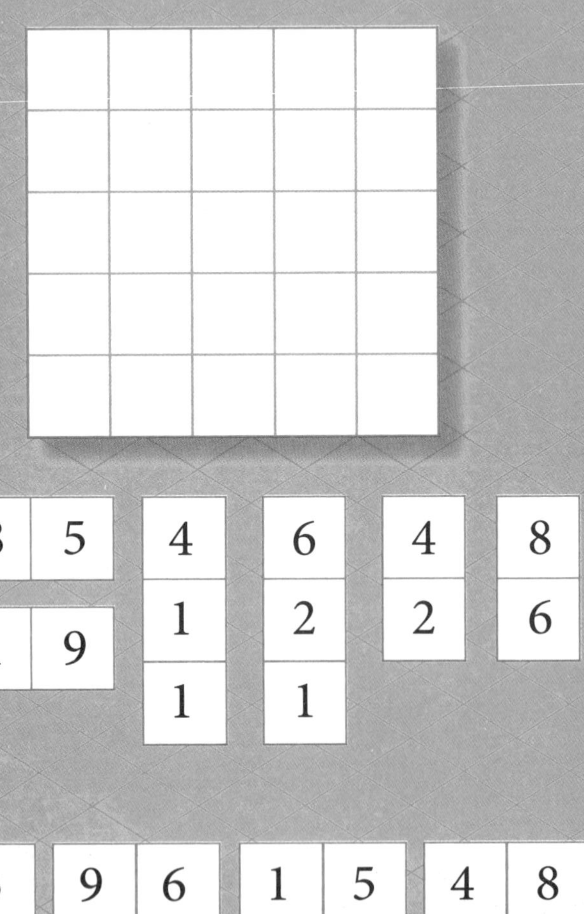

答案见129页

以下几个图形中，哪个与众不同呢？

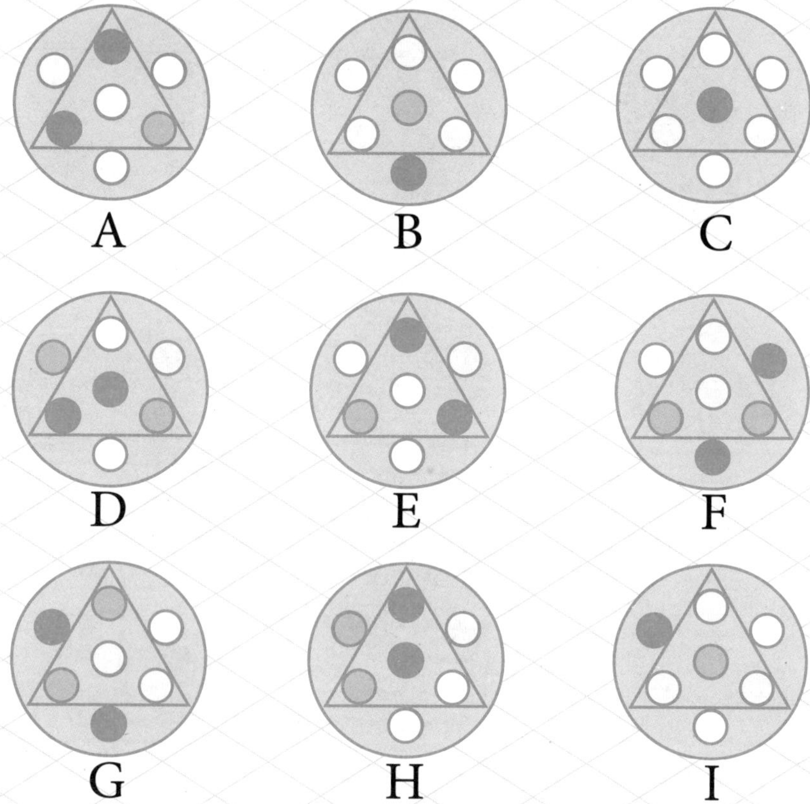

答案见129页

下方的几串数字代表着几种家具的名称，它们的字母被编码成数字，这样可以在一个特殊的号码盘上以数字的形式显示。您能将这些数字解码为家具名称吗?

268 683 786 7

752 973 6

268 462 227 727

273 336 92

743 326 273

825 526 9

答案见129页

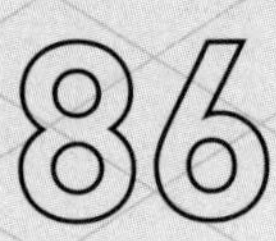

A对应B就像C对应V、W、X、Y、Z中的哪一个?

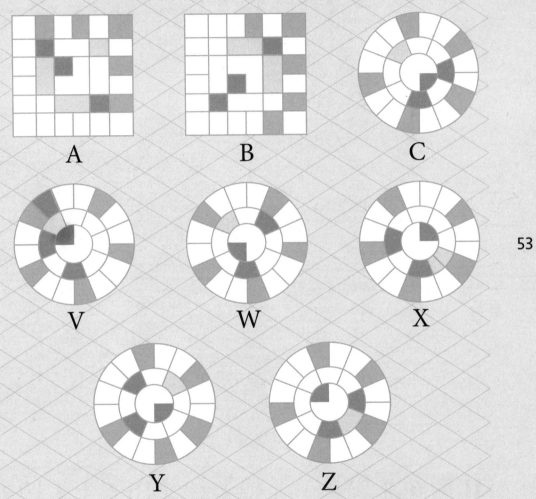

A

B

C

V

W

X

Y

Z

答案见129页

下图3×3网格中，其中有一个格子是画错的，请问哪个错了呢？

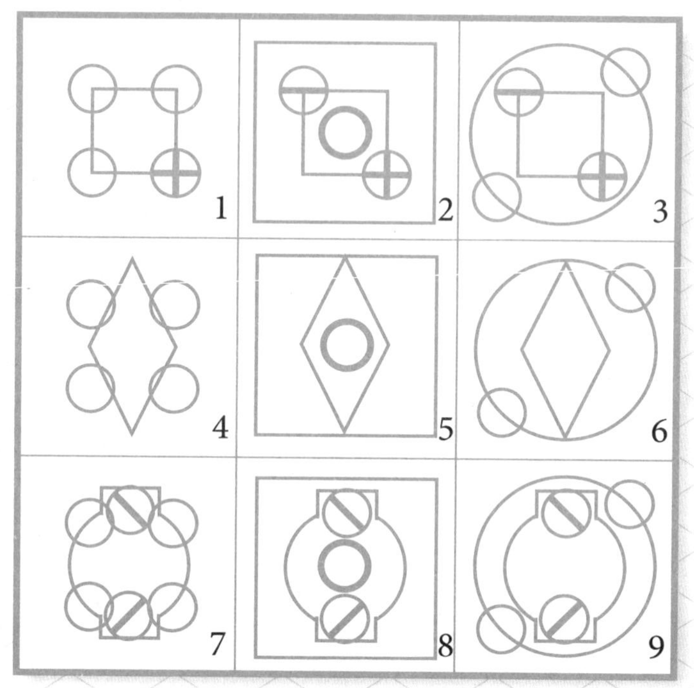

答案见129页

答案见129页

按照下方数字的规律，请问问号处应填入什么数字呢？

在在图形A到E中，哪一个可以添加一个小球后，使两个小球的情况与最上方所给出的图形情况一致？

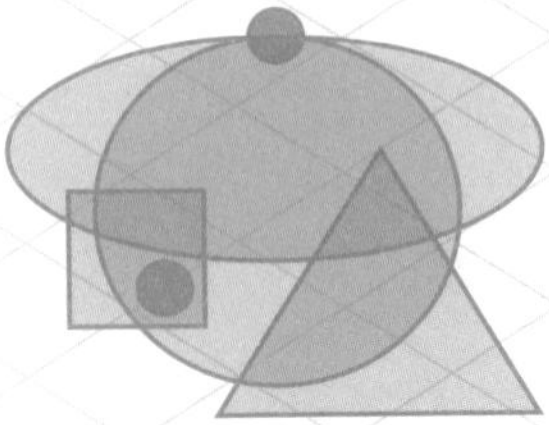

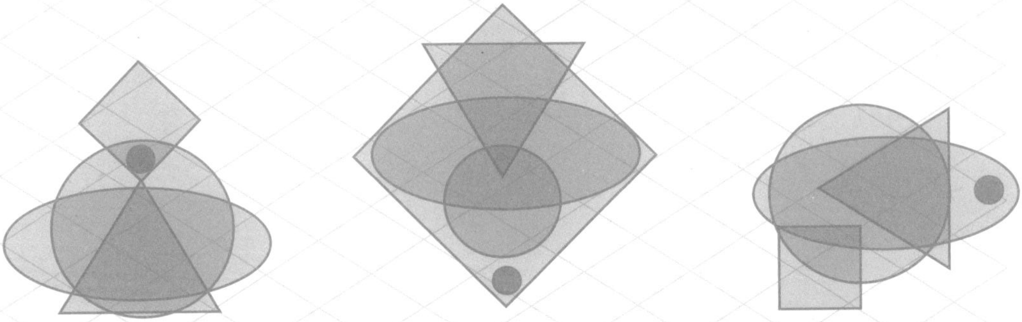

A

B

C

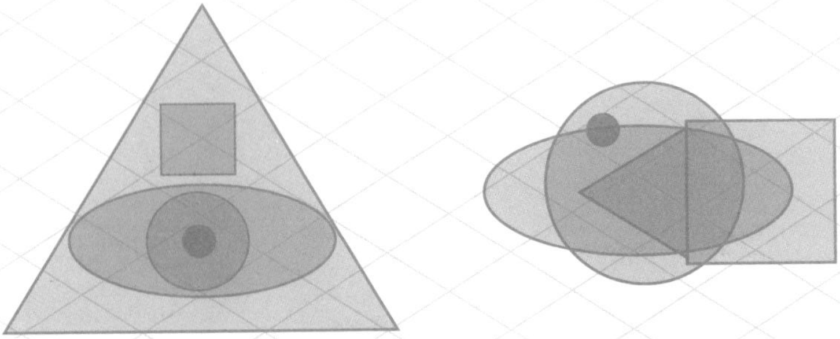

D

E

答案见129页

90

请将下面的四边形分割成四个形状完全相同的部分，要求每个部分包含五种元素各一个。

答案见129页

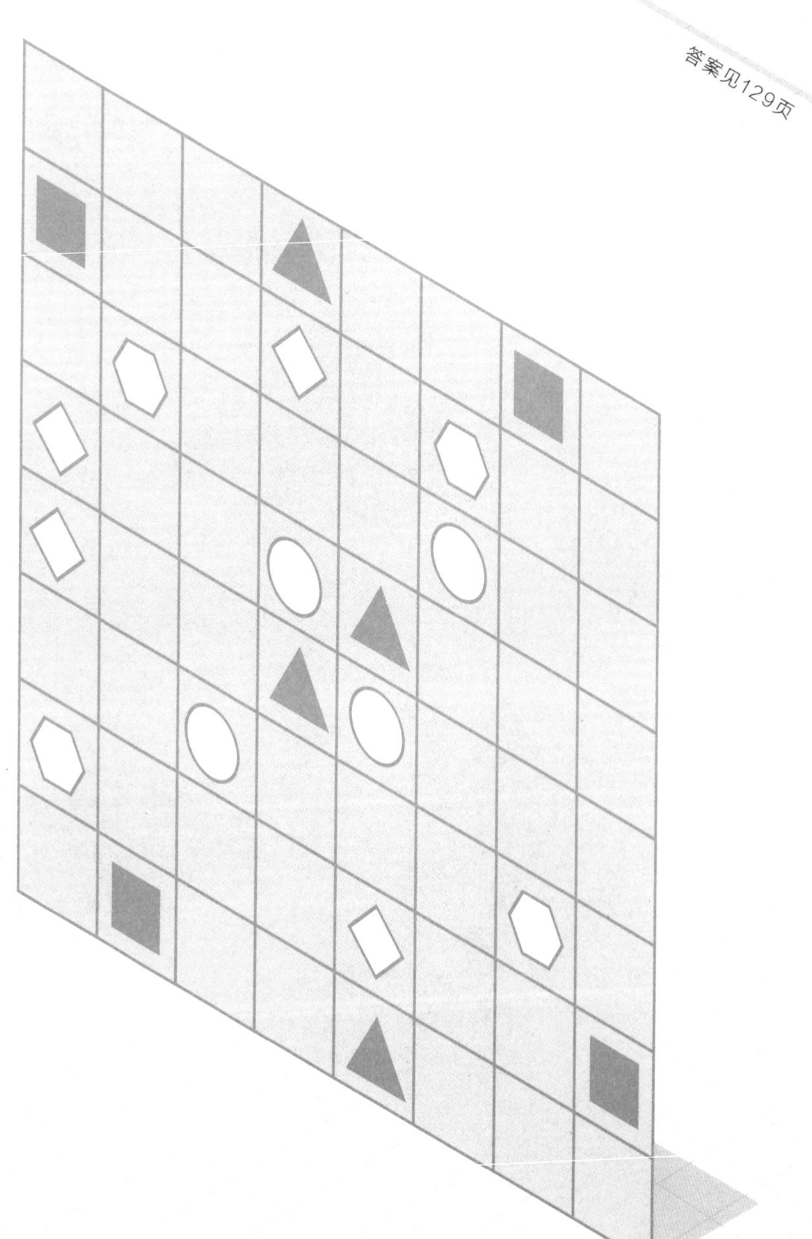

下图中每个圆圈内都包含一个作家的名字和其所著的一部文学作品的名字，您能将它们解码吗？

答案见129页

答案见129页

在以下较长的除法运算中，每一个数字都被任意给出的符号所取代。请列出原始的除法运算式子。

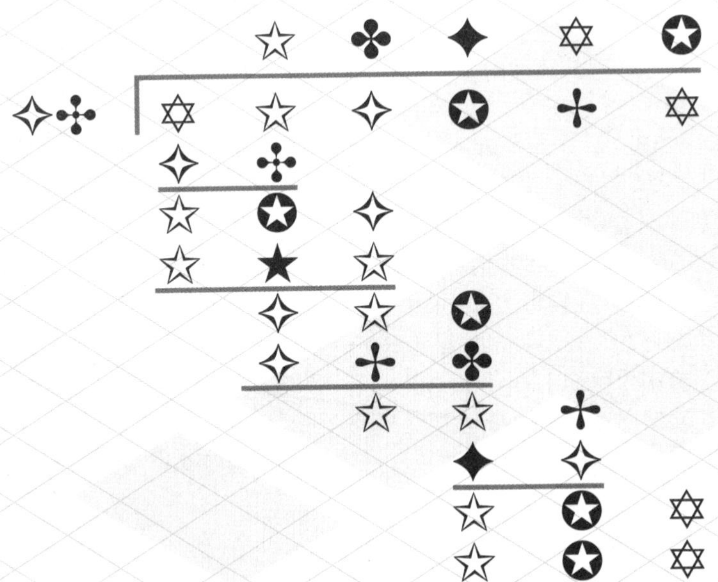

图中的竖列数字按一定规律排列，请问问号处应填入什么组合的竖行数字呢?

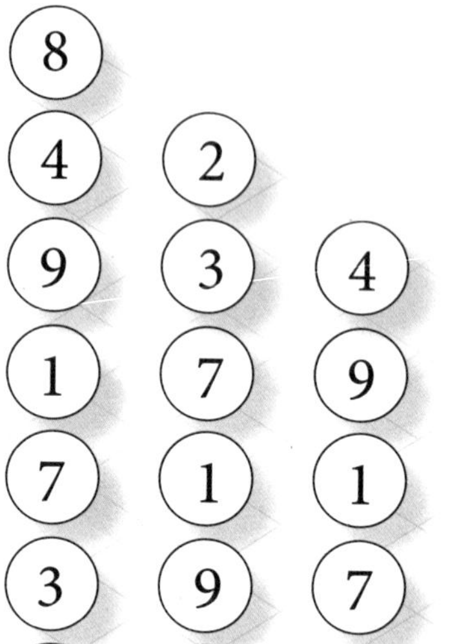

答案见129页

答案见129页

若里奇蒙德（Richmond）喜欢蒙特利尔（Montreal），不喜欢渥太华（Ottawa）。艾德里安（Adrienne）喜欢厄尔巴索（El Paso），不喜欢内玻维尔（Naperville）。巴塞洛缪（Bartholomew）喜欢羽幌町（Haboro），不喜欢大阪（Osaka）。罗曼（Romaine）喜欢阿尼纳（Ioannina），不喜欢纳克索斯岛（Naxos）。那么玛蒂尔达（Mathilda）不喜欢哪个地方呢?

A.法夫郡（Fife）
B.格拉斯哥（Glasgow）
C.卢赫斯（Leuchars）
D.邓德伦南（Dundrennan）
E.因弗内斯（Inverness）

95

下图表格中的数字按一定的逻辑顺序排列，请问问号处应填入什么？

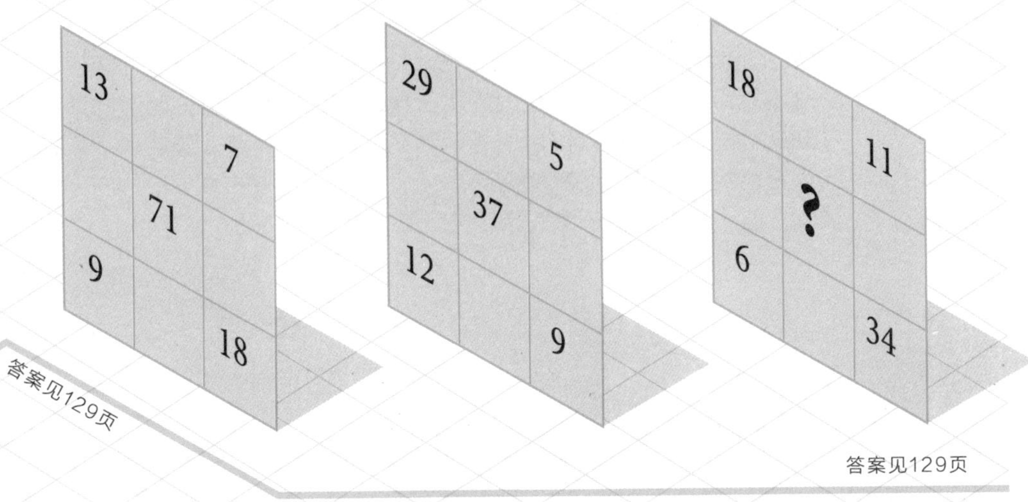

答案见129页

答案见129页

96

下列设计作品内部遵循一定的逻辑规律，请问问号处应填入什么数字呢？

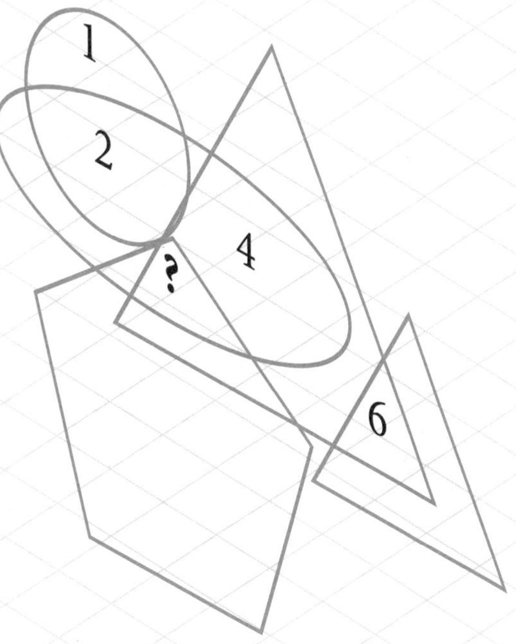

97

五个热心的园艺家在一场花展上相遇了，互相介绍着各自的喜好。他们的聊天信息如下：

海登带了火腿三明治，但他不是观赏天竺葵的、喜欢红色的花的那个人。带鸡肉三明治的那个人更喜欢蓝色的花，但他没有观赏蝴蝶花或是山茶花。其中一个人喜欢粉色的花。玛格达莱娜没有带鸡蛋三明治。萨德既没有带鸡蛋三明治，也没观赏天竺葵花。带吞拿鱼三明治的那个人在观赏杜鹃花，不喜欢白色的花。利兹在研究飞燕草。最后一个人马特喜欢紫色的花，没有观赏杜鹃花。

请问：五个人中的哪一个人带了芝士三明治呢？

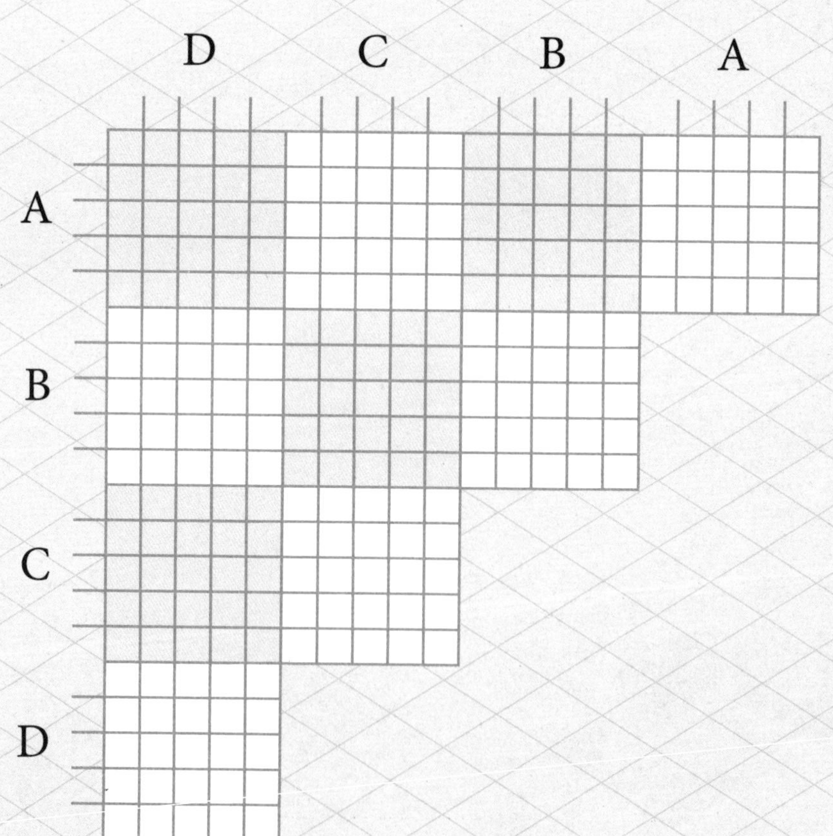

答案见129页

下图中，每一个小方块里的信息指示着要到达的地方。L:左，R:右，U：上，D：下。例如：3R代表向右移三格，4UL代表向左上方斜移四格。您的目标结束格为F，每个格子只能经过一次。请找出开始格。

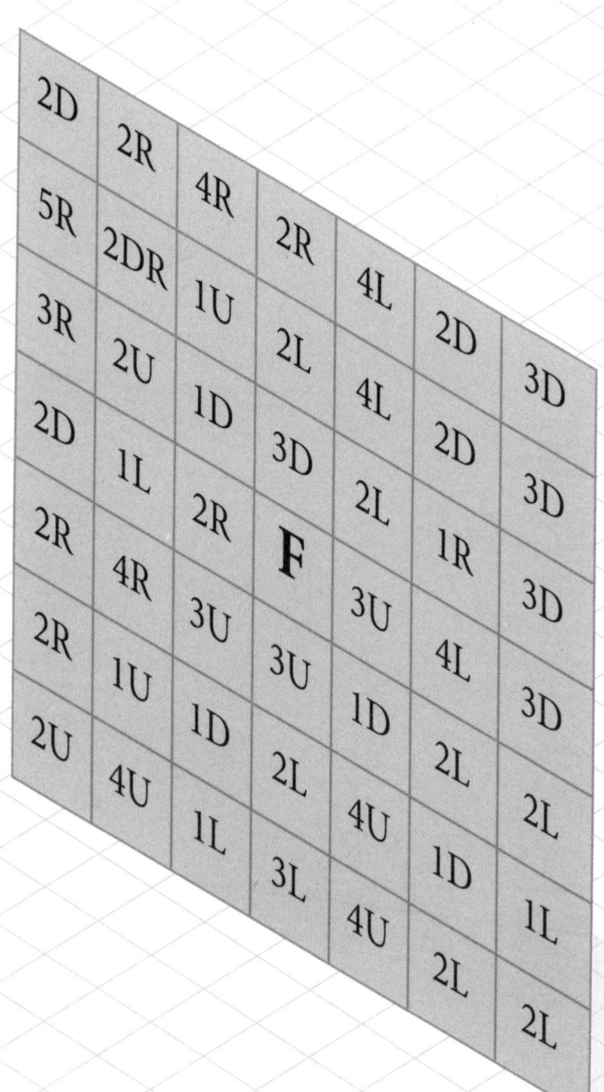

答案见130页

99

请用六条线段，要求：每一条线段至少有一个端点触到下面盒子的一边，并且这六条线段成功分割盒子中的五角星，使每一份分别包含一、二、三、四、五、六、七个五角星。

答案见130页

100

在下图中，这些三角形内部按一定的逻辑结构排列，请问问号里应该填入什么呢？

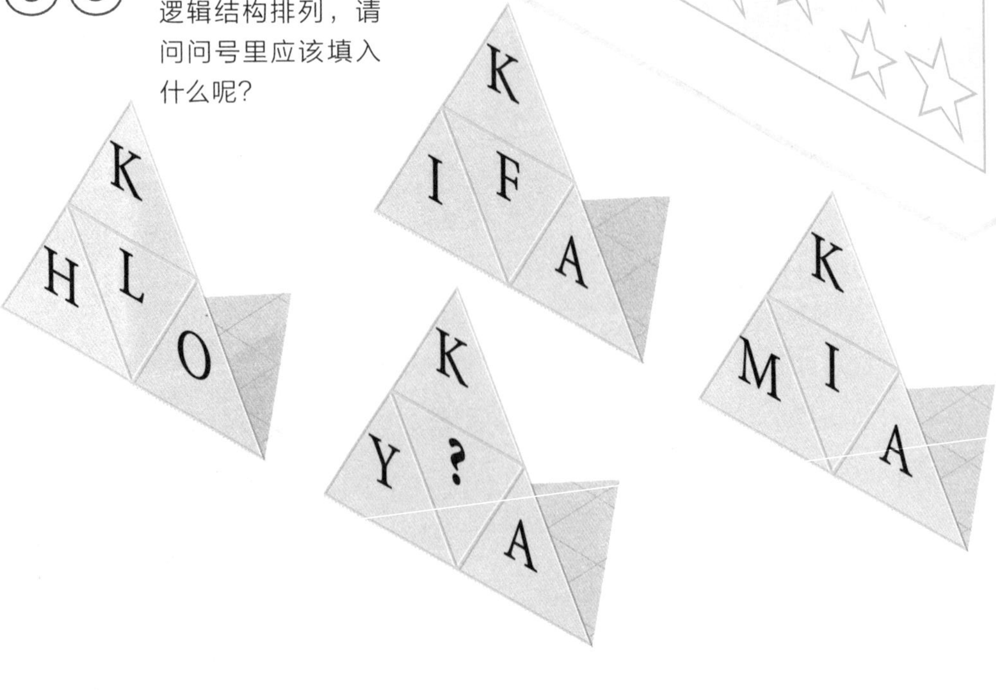

K H L O

K I F A

K Y ? A

K M I A

101

下图中的时钟按特定规律排列，请问钟表4中应该是什么时间呢？

答案见130页

答案见130页

答案见130页

102

图中正方形内的数字和字母排序遵循特定的规律，请问问号处应填入什么数字？

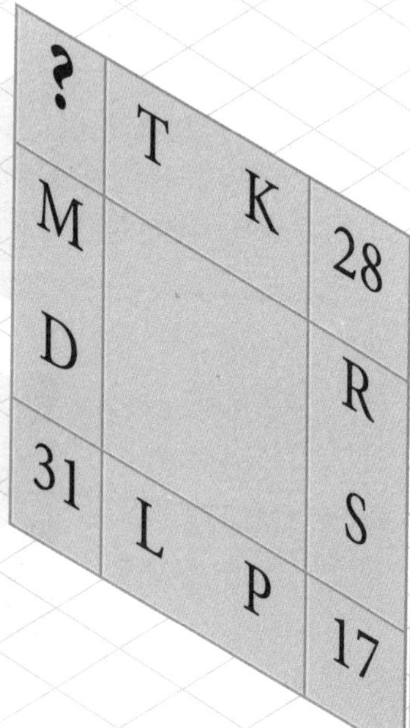

103

图中的圆形竖列按一定规律排列，请问问号处应填入什么组合的圆形竖图呢？

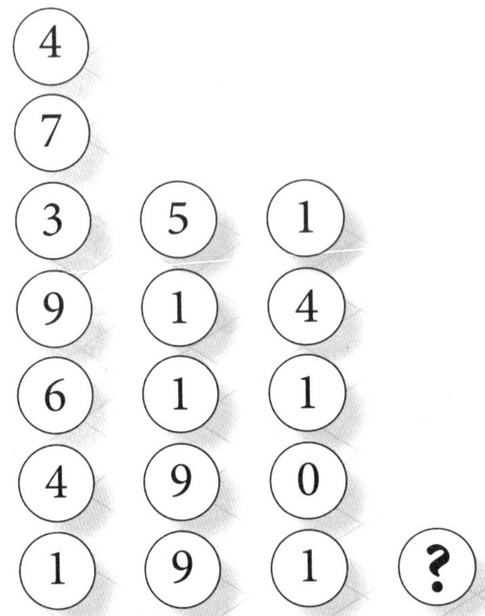

答案见130页

答案见130页

104

五个骗子被告抢劫，现每个人分别做一条陈词，但只有两条陈词是真话。根据他们的陈词足够给出判决结果。请问谁是有罪的那个人呢？

A：“B有罪。”

B：“A在说谎。”

C：“D是无辜的。”

D：“E是无辜的。”

E：“D说的是实话。”

105

一场比赛以四程的得分来计算成绩。如下，给出每程距离，单位为千米，每个人的平均速度，单位为米/秒。以下排前五名的选手信息，请算出哪一位选手获胜，总共耗时多少？

参赛者	赛程	A-B	B-C	C-D	D-E
	距离：	5.8千米	4.6千米	7.3千米	0.9千米
V		4.8	4.3	3.4	5.2
W		4.6	4.2	3.7	5.1
X		4.7	4.4	3.5	5.0
Y		4.9	4.25	3.1	5.4
Z		4.7	4.6	3.3	5.2

答案见130页

答案见130页

106

下图按照一定的逻辑顺序排列，请问：缺失的一角应为什么样的图形呢？

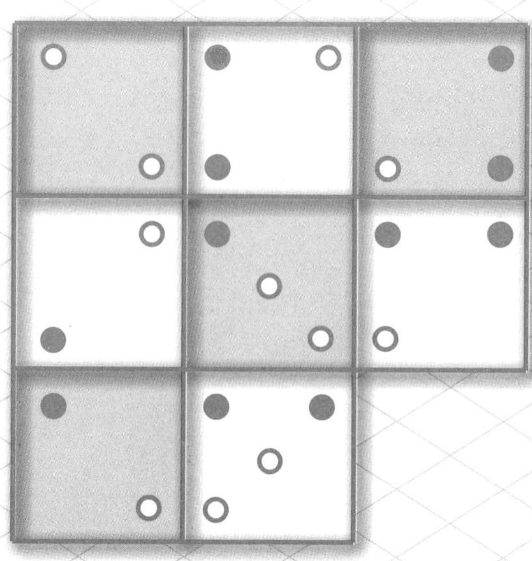

107

图形中每一个符号都代表了一个数字，请问问号处的数字应该是多少？

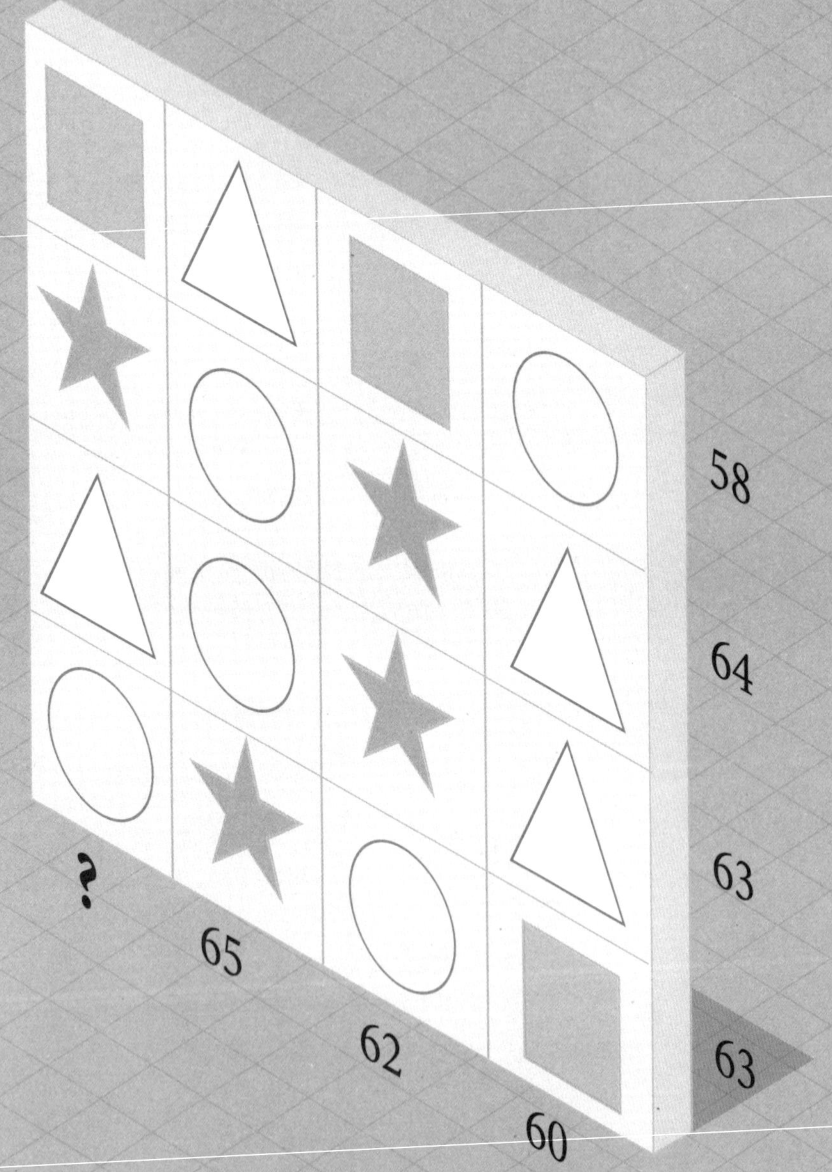

答案见130页

108

请用下面给出的碎片拼出它上方的三角形阵。确保碎片摆放的形状与上方三角形阵完全相同。碎片覆盖了所有的连接点，但并不会覆盖所有的连接线。

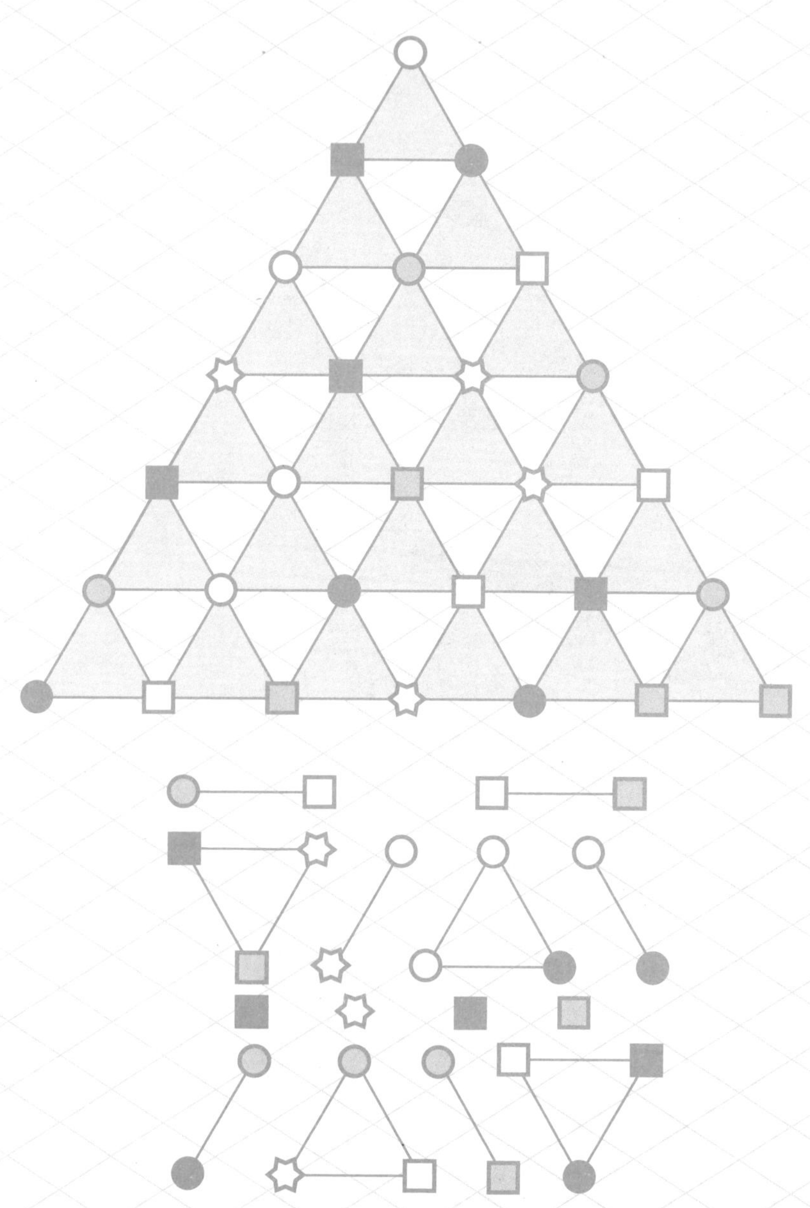

答案见130页

109

下面五块碎片中的四片可以组合成一个常规几何图案，请问哪块被剩下来了？

答案见130页

A

B

C

D

E

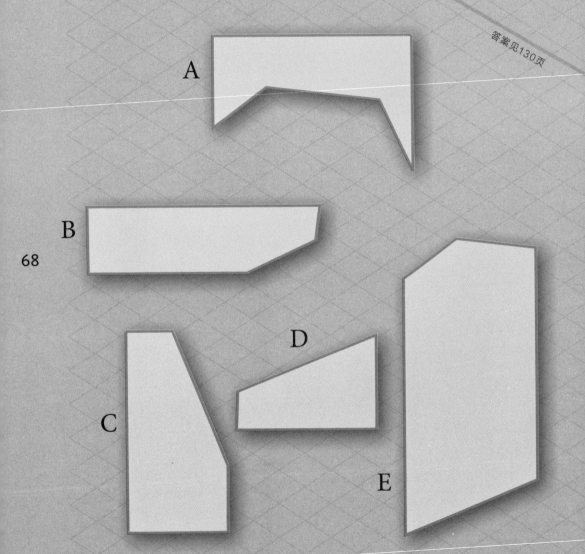

110

在您面前有两扇门，它们中的任何一扇都有可能在您开门的瞬间让您触电身亡。每一扇门上都有一句标语。若A门上面的标语是真话，那么A门就为安全门。反之，若B门为安全门的话，B门上面的话就为假话。但门上的标语已经被移走，您不知道这两句标语分别来自哪扇门。请问：您应该开哪扇门呢？

标语1：此门致命。

标语2：两扇门都致命。

答案见130页

答案见130页

111

图表里的数字按照一定的逻辑顺序排列，请将缺失的数字填入问号里。

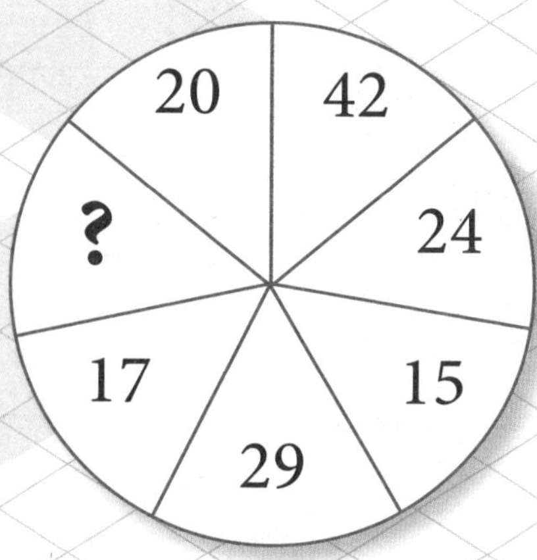

112

请将下方给出的数字准确地填入表格内。

答案见130页

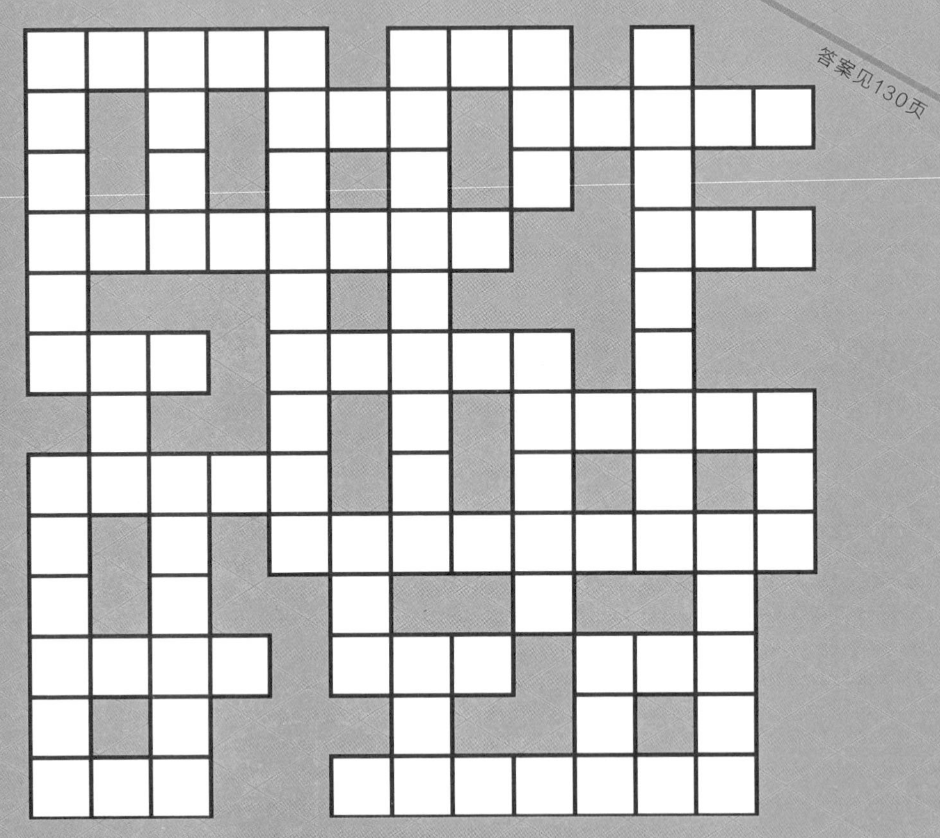

三位数:

142
178
232
253
293
393
477
639
673
678
749
834
942

四位数:

3089
9112

五位数:

10985
11624
18291
37255
51200
56071
73985

六位数:

187127
277892
364382

七位数:

7347385

八位数:

11217966

九位数:

215628072
326602260
524755252
937660985

113

请匹配下方的字母碎片，使其组成一些好莱坞著名影星的名字。

NI	EY	BE	TON	JEN
LAW	BA	PET	KIN	DEN
HAL	ZEL	SON	HER	CY
CO	STOR	CAT	FER	RO
SHI	DEN	HEN	RRY	MIL
WA	EUVE	ER	INE	CHA
MARE	SA	RUS	AT	REN
CE	WAN	LE	RON	NG

答案见131页

答案见130、131页

114

在您面前有三位女士：A女士、B女士和C女士，她们互相认识。她们三人中的一个人总说谎，一个人从不说谎，还有一个人有时说谎有时说真话。现在她们每个人陈述一句话：

A："B从不说谎。"

B："A不是骗子。"

C："如果您问我，我会说B的话时真时假。"

请据此判断：谁从不说谎？

115

观察下列三幅图的递变规律，找出下一幅图应该是A、B、C、D、E中的哪一幅？

答案见131页

A

B

C

D

E

116

请判断，下面的陈述有几条为真呢？

1. 至少有一句话为假
2. 至少有两句话为假
3. 至少有三句话为假
4. 至少有四句话为假
5. 至少有五句话为假
6. 至少有六句话为假
7. 至少有七句话为假
8. 至少有八句话为假
9. 至少有九句话为假
10. 十句话都为假

答案见131页

117

请判断：A、B、C、D四幅图中哪一副与上方大图的情形最相似？

答案见131页

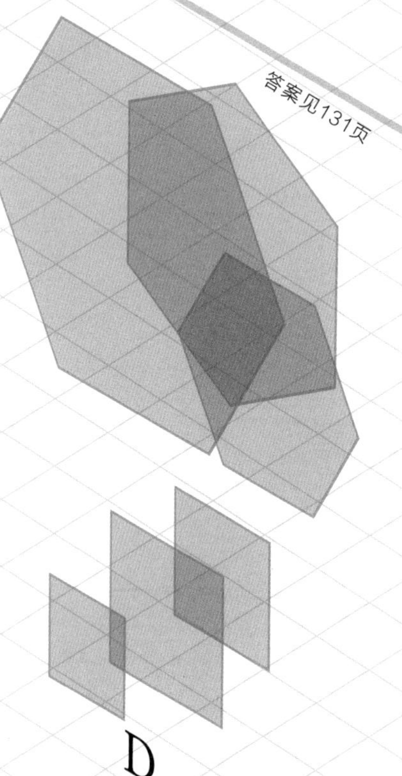

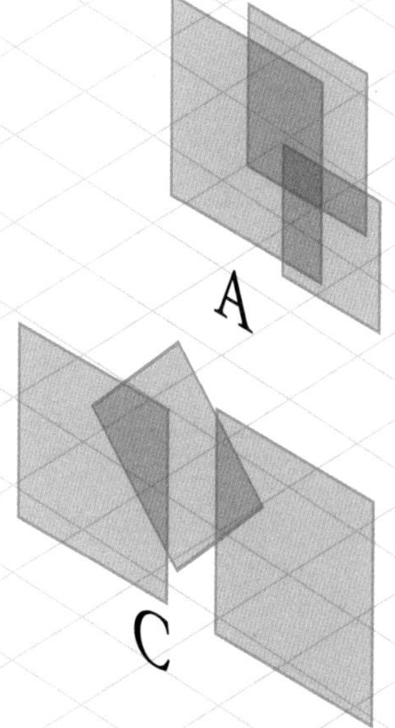

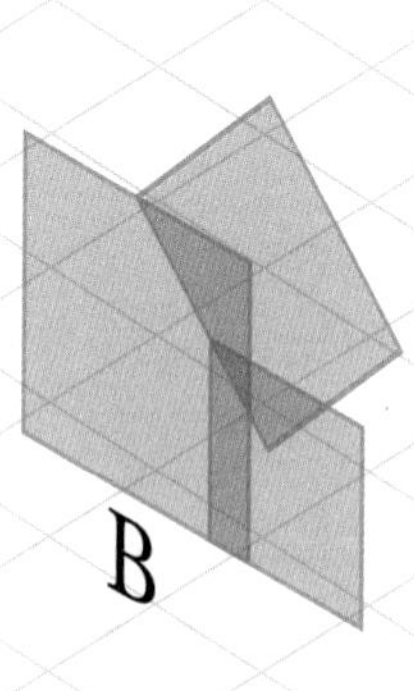

D

118

下图十二时制的时钟按一定的规律呈现时间，请算出第五个钟表上显示的时间。

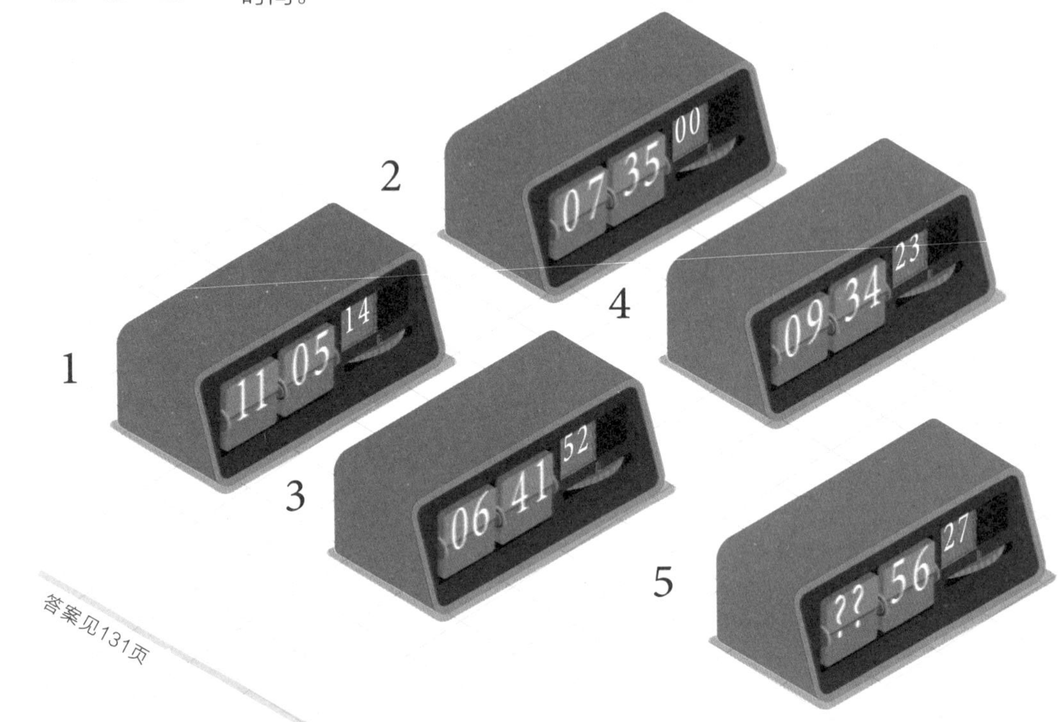

答案见131页

答案见131页

119

请重新排列以下数字，使等式成立。注意：不要添加任何运算符号。

4 4 = 9 3

120

按照下图的规律，请说出下一个圈中的数字应该是什么？

答案见131页

121

三位枪手A、B、C练习打靶。得分如下图所示，三位枪手各打了五枪，都得到78环的成绩。计算得分时，已知A前两枪得到13环，C最后两枪得到8环。您能根据这些判断出谁没有射中靶心吗？

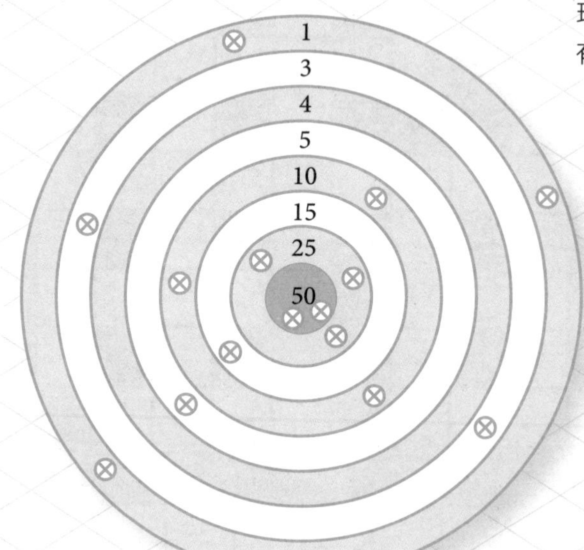

答案见131页

答案见131页

122

在下图中，26个字母被随意排列的数字取代。据此，您能用字母正确填写此表吗？填写完成后，每一组为一个英语单词。

	2	4	12	16	16	19	11	9	12	4	10	7	26	
18		7		4		26		13		7		15		19
19	18	8	25	7		12	26	19	18	12	2	19	17	26
14		25		7		26		2		11		22		2
7	20	22	7	9	13	7	4	7		2	25	2	17	4
10		7		13				20				20		17
18	19	22	13	7	12	4		19	26	3	21	7	2	22
7				7		17		7		26				15
2	17	2	12	20	20	24		22	11	17	4	19	12	7
12		12				12				9		26		11
15	17	8	17	14		20	19	18	7	20	19	6	13	2
13		20		7		18		12		7		4		19
17	5	7	4	8	17	12	4	10		10	19	12	1	17
4		12		7		22		12		6		2		26
	23	25	19	11	3	2	7	18	15	7	4	7	10	

1	2 T	3	4	5	6	7	8	9	10	11	12	13
14	15	16	17 O	18	19	20 L	21	22	23	24	25	26

123

根据下面的指示，看看您得出的结果是什么？

1. 写下数字7。
2. 在您刚写下的数字上减去3，记住这个结果。
3. 将该结果写在刚写下的数字旁边。
4. 在您最后写下的数字上加2，记下结果。
5. 在您写下第二个数字的旁边写下加2后的结果。
6. 在您最后写下的数字上加2，记下结果。
7. 已经写了九个数字了吗？是，则继续进行。否，回到第二步。
8. 在您最后写下的数字后写下1。
9. 停笔。

答案见131页

答案见131页

124

根据下图中天平的等量关系。最后一个天平中应填入几个球形使它平衡呢？

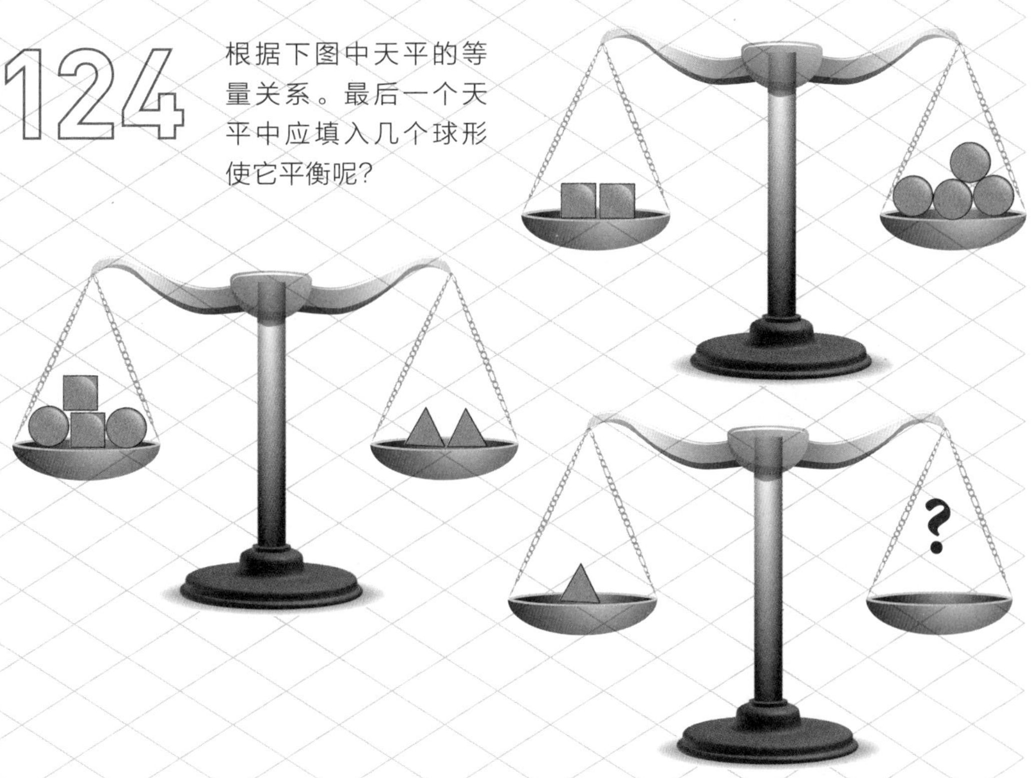

125

根据下图中天平的等量关系。最后一个天平中应填入几个球形使它平衡呢？

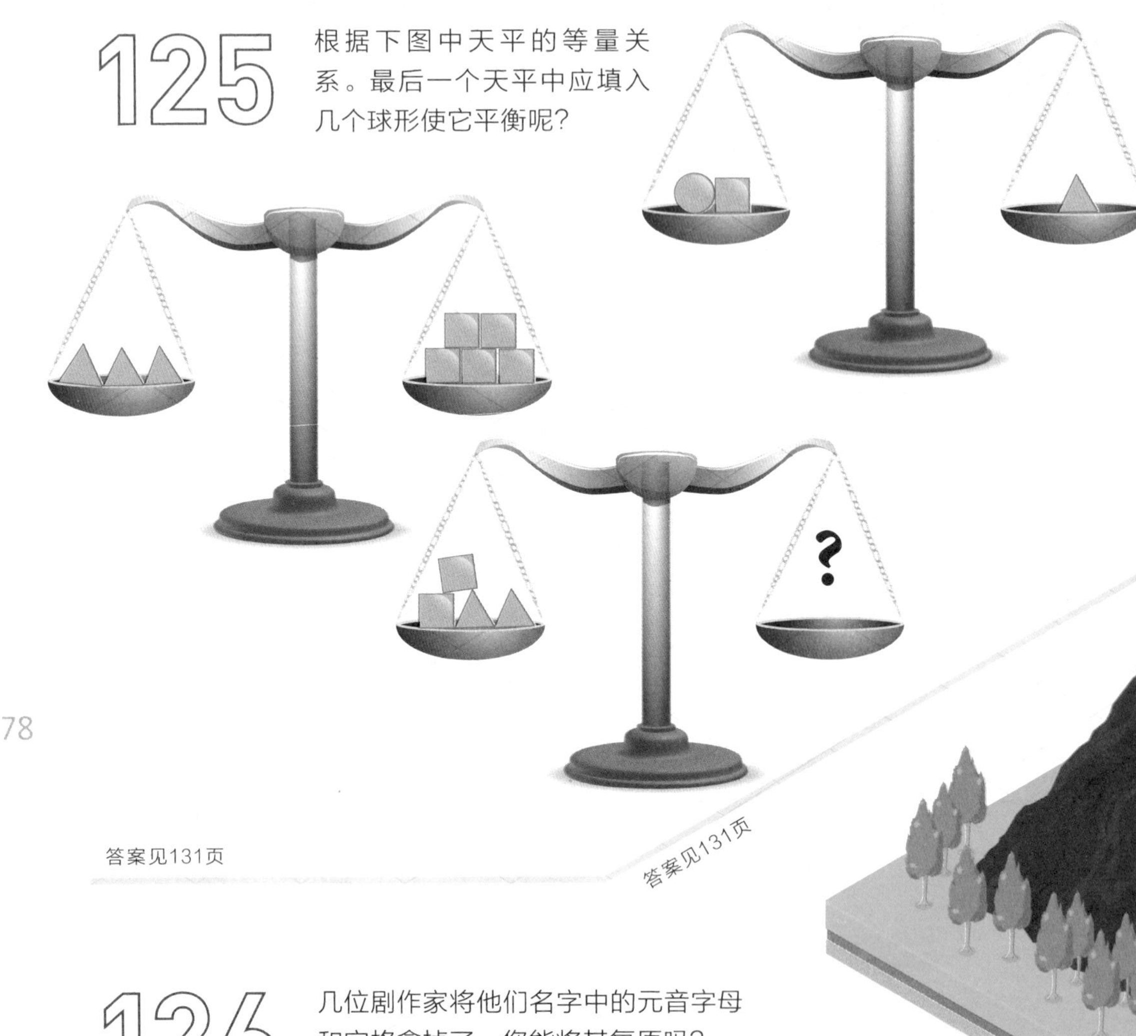

答案见131页

答案见131页

126

几位剧作家将他们名字中的元音字母和空格拿掉了。您能将其复原吗？

HNRKBSN	TMSTPPRD
LXNDRSTRVSK	THRNTNWLDR
MKHLBLGKV	PRRCRNLL
HRLDPNTR	JHNSBRN
MGLDCRVNTS	JNRZDLRCN

127

观察下图，请画出一个最大的与表内图形一致的五角星，要求：所画出的图形每一条边既不能触到任何一条边，也不能超出该图表区域。

答案见132页

答案见132页

128

一个由38位登山者组成的小组中：12位登山者成功攀登珠穆朗玛峰，7位登山者成功攀登　乔戈里峰，2位登山者成功攀登黎明墙，除了6位之外的登山者都成功攀登了安纳普尔纳峰。请问：至少有多少登山者只成功攀登了四座山峰中的一座？

129

单词THROAT在下图中只出现一次，可通过纵向、横向、斜对角方向来找该词。请在下图中找到该词。

答案见132页

H	T	T	O	T	T	R	T	T	A	T	R	A	H	R
O	A	A	R	H	T	O	T	R	O	A	O	R	T	R
T	T	H	A	T	A	T	T	H	A	H	T	H	A	T
O	R	R	T	R	T	A	T	R	O	H	R	T	H	O
T	T	O	T	T	O	A	T	O	R	T	T	H	O	T
H	A	A	R	T	A	O	A	R	T	R	T	O	O	R
T	R	T	R	O	T	T	R	T	T	H	H	R	A	O
T	H	T	R	H	T	R	H	O	H	T	R	O	H	O
T	O	R	H	R	R	R	A	T	O	H	O	O	T	O
R	O	H	T	T	A	O	A	H	H	T	H	O	R	T
R	T	T	R	A	T	O	O	R	H	O	T	T	R	H
R	A	T	T	T	T	T	O	R	O	T	T	O	T	O
R	T	T	T	R	H	R	O	T	T	H	A	O	T	A
R	T	T	A	O	A	A	H	T	A	T	A	R	T	H
A	H	O	A	H	T	T	T	O	A	H	T	R	R	T

130

如图所示，这些符号都有特定的位置，外围的四个圆里的图形要想在中间的圆中出现，但必须遵循以下规则：如果其中一个元素只出现过一次，那么它一定被转入中间的圆中；如果出现两次，那么在同一位置没有其他元素的情况下，也会被转入中间的圆中；如果出现三次，那么在其他只出现一次的元素没有占位的情况下，也可能会被转入中间的圆中；如果出现四次，一定不会被转入。该规则下的相同数量的元素间正在竞争占位，其竞争顺序是从上到下，优先从左上角开始，依次是右上角——左下角——右下角。请画出中间圆圈内图形的样子。

答案见132页

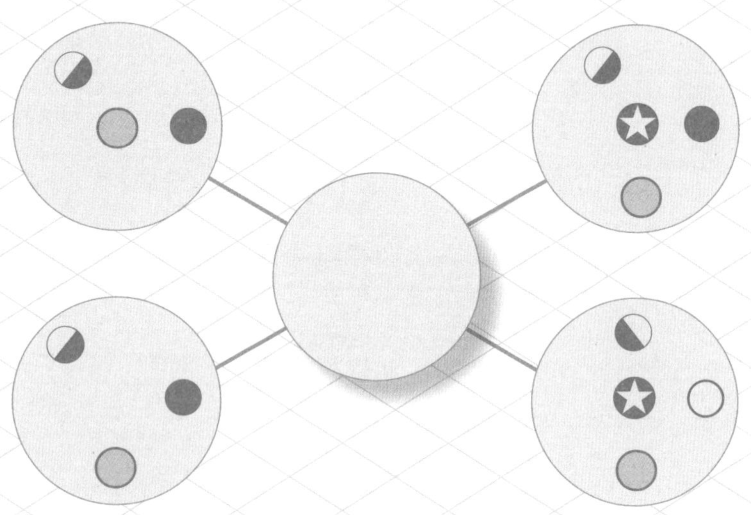

131

请画出三个圆圈，要求每一个圆圈里都要完全包含一个三角形、一个正方形和一个五边形。并且每两个圆圈内不能包含三个完全相同的图形。

答案见132页

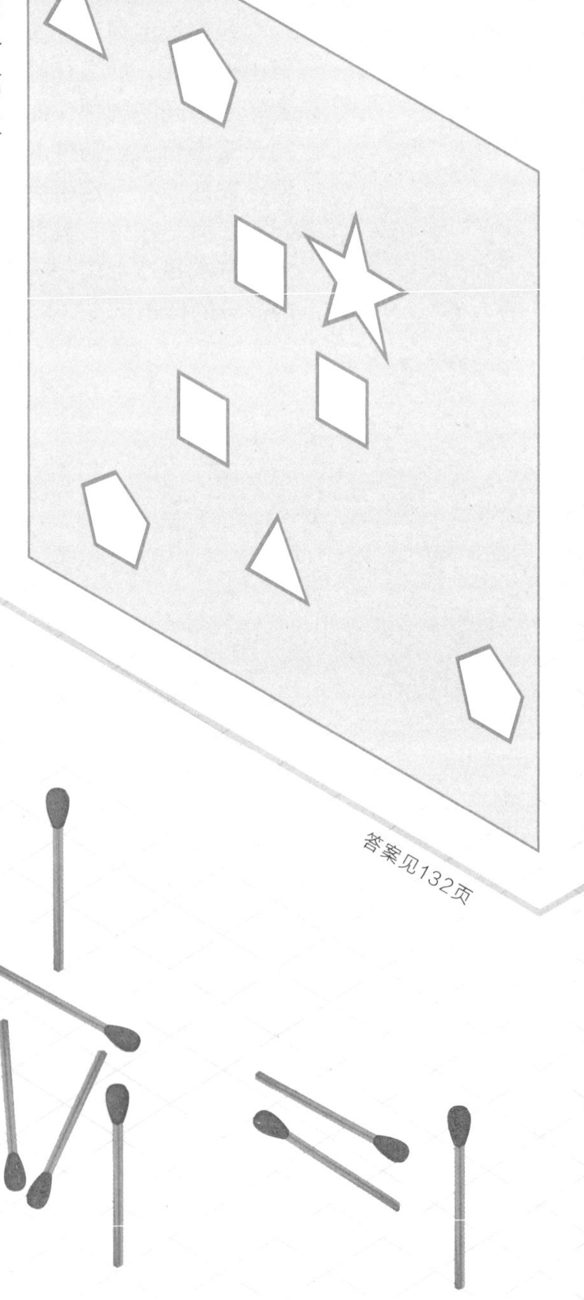

132

下图中由火柴棍组成的罗马数字等式存在问题，您能只添加一根火柴棍使等式成立吗？

答案见132页

133

有十个人面对面坐成两排，男士坐在一排，女士坐在另一排。请从以下所给的信息，判定安迪坐在哪号桌上？

大卫或是理查德坐在八号桌。

黛比或是凯诺琳坐在三号桌。

安布尔或爱普若坐在四号桌。

肖恩旁边只挨着一个人。

黛比和安布尔中间隔了两张桌子。

伯纳德坐在旁边是丽萨的女士对面。

丽萨坐在大卫对面。

肖恩坐在安迪旁边，坐在安布尔对面。

安迪和大卫中间隔了两张桌子。

一号桌对着十号桌。

答案见132页

答案见132页

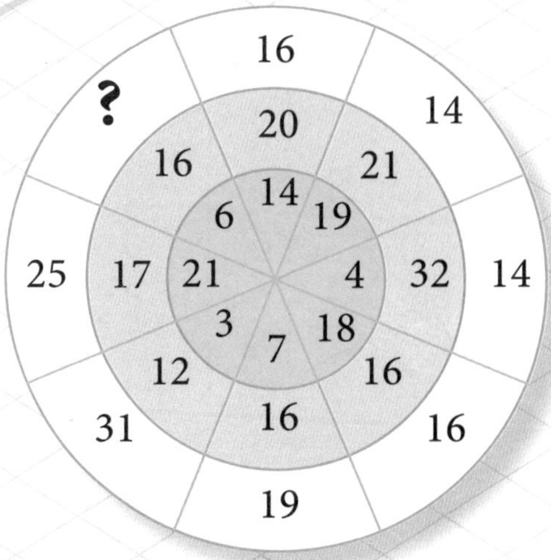

134

下图中三个圆环中的数字按一定的逻辑顺序排列，请问问号处应该填入什么数字？

135

有两只袋子A和B。A袋里装有一台不知道什么颜色的计算器，其为黑或白的几率均等。B袋里有三台计算器，两台黑色和一台白色。现将一台白色的计算器放入A袋中，摇晃。随意从中取出一台计算器，为白色。现目标为：任意从一只袋子中取出一台计算器，为白色。请问是投掷硬币来决定从哪只袋子中抽取计算器为白色的概率大呢？还是所有计算器重新放入到另一只袋子C中，从中抽取到白色计算器的概率大？

答案见132页

答案见132页

136

以下数字按特定的逻辑规律排列，那么请问问号里应该填入什么数字呢？

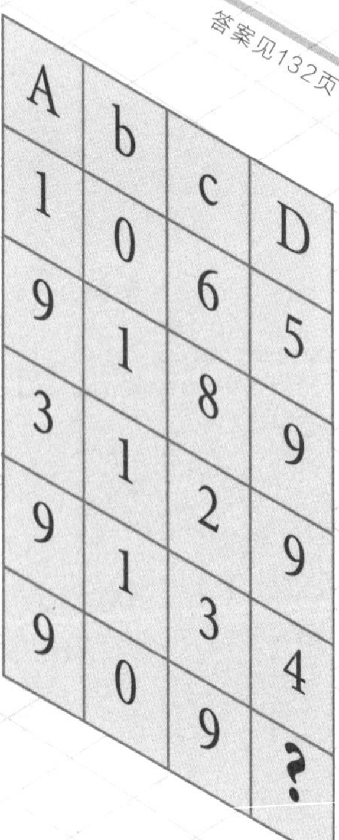

A	b	c	D
1	0	6	5
9	1	8	9
3	1	2	9
9	1	3	4
9	0	9	?

137

从下图中的中心开始走，到第五个数字处停下，中间不能退格。将经过的五个数字（包括开始数字）相加，和最大是多少？

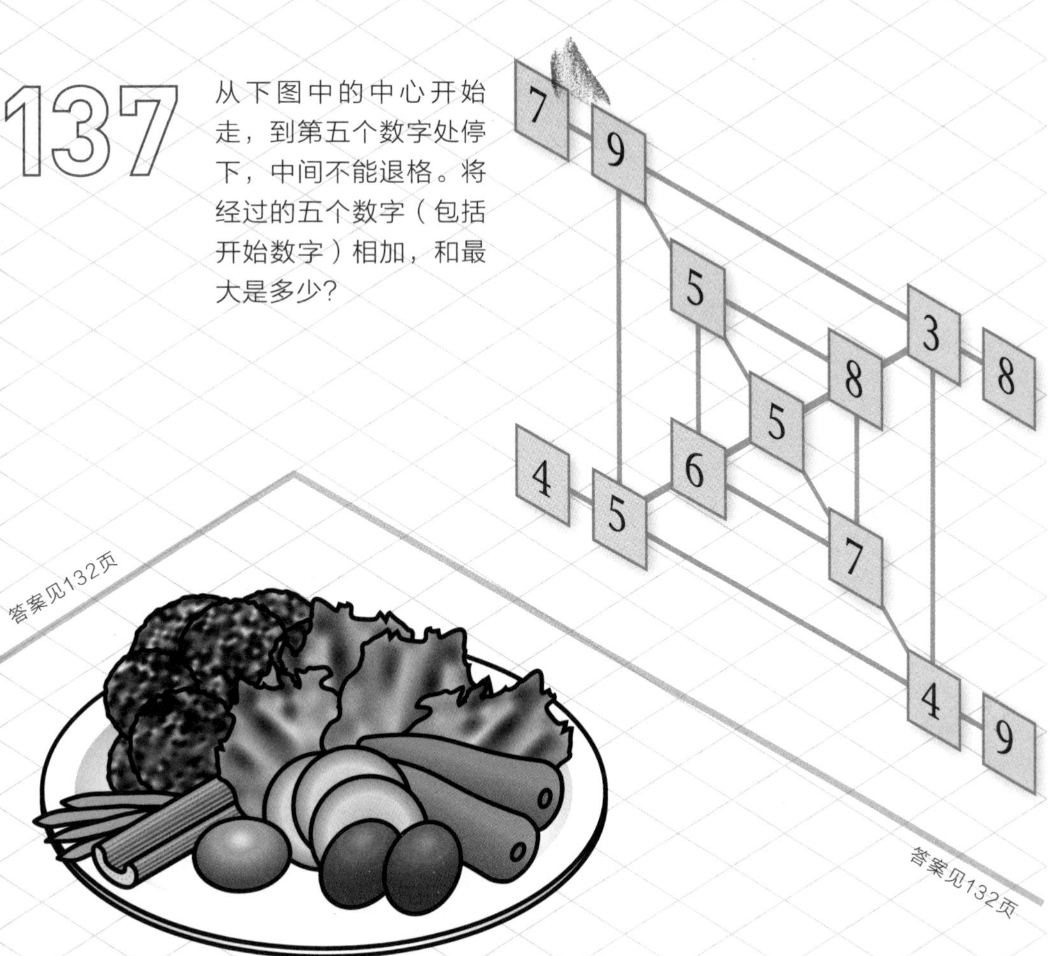

答案见132页

答案见132页

138

以下几组皆为食物的名称，您能将它们破译出来吗？

QPIITCQTGV RPZT

DPIBTPA

THRPAXKPSP

FJDGC

RDGCTS QTTU

YPBQPAPNP

GPIPIDJXAAT

YTGZN

139

下列图形A、B、C、D中哪一个与左侧大图的情况一致呢？

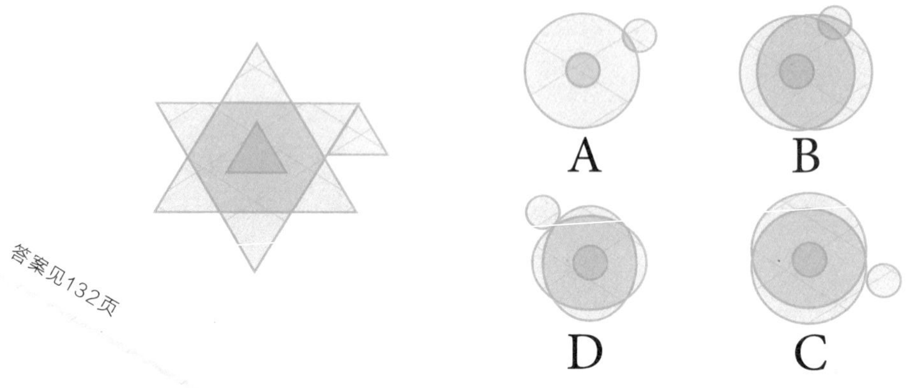

答案见132页

答案见132页

140

请用下面给出的碎片拼出左侧的三角形阵。确保碎片摆放的位置与左侧三角形阵完全相同。碎片覆盖了所有的连接点，但并不会覆盖所有的连接线。

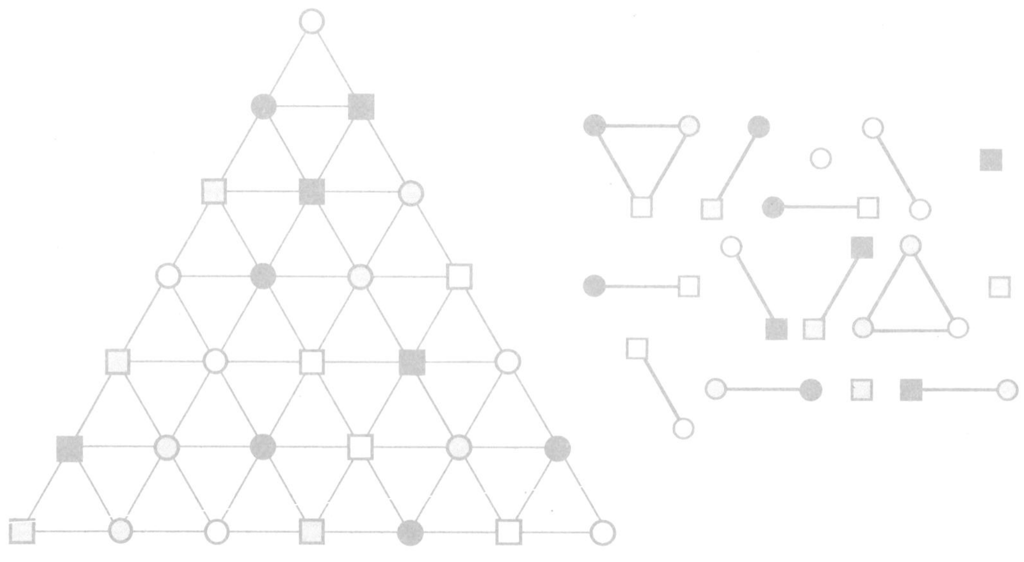

141

图片1对应图片2，那么图片3对应哪一幅图呢？

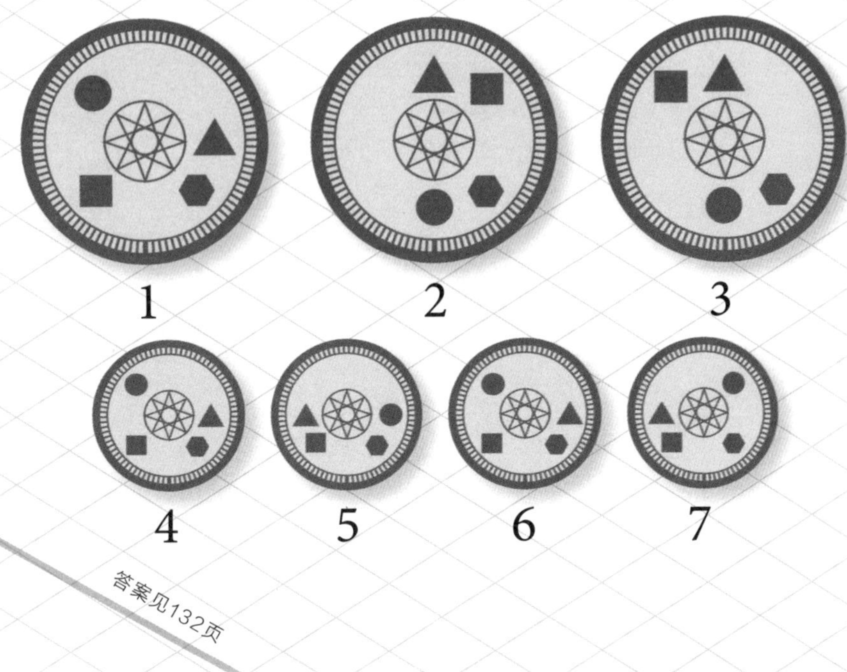

答案见132页

答案见133页

142

我在地上发现了一块从未见过的木头，将它拾起后想了一会儿又把它扔掉了。这块木头在它完全落地前走了一段距离，紧接着反向向我过来，最终又回到了我的手中。排除碰到物体弹回、从地上弹起来和系根绳子在木头上这几种可能性，请问发生了什么呢？

143

观察下图，请画出一个最大的与表内图案一致的图形。要求：所画出的图形每一条边既不能触到任何一条边，也不能超出外面的正方形区域。

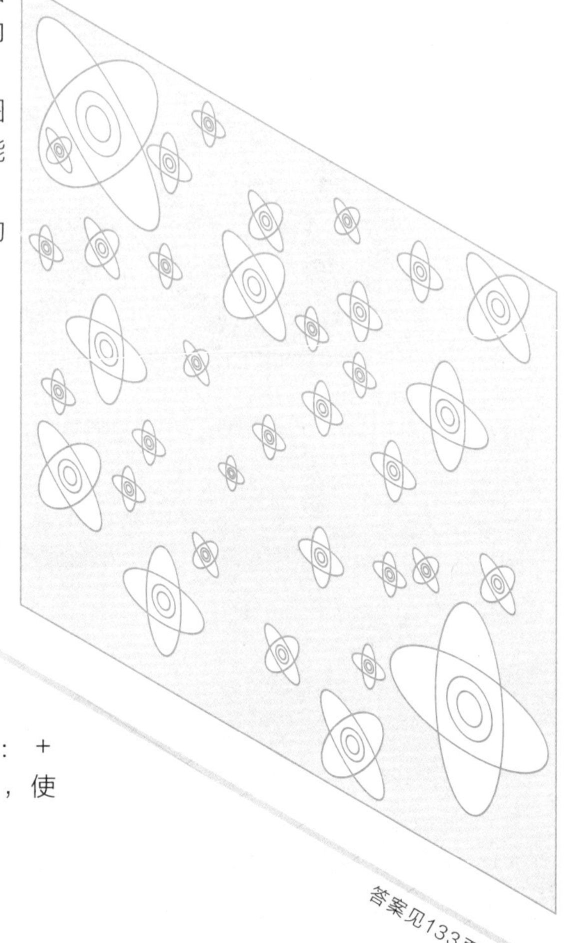

答案见133页

144

请填入运算符号：+ − × ÷ ^ . √ ! （ ），使等式成立。

答案见133页

A 4 2 3 4 8 = 4

B 2 5 4 2 4 3 = 1 7

C 5 5 5 5 5 5 5 5 = 5 5

145

请用六条线段，要求：每一条线段至少一个端点触到盒子的一边，并且这六条线段成功分割盒子中的五角星，使其每一份分别包含一、二、三、四、五、六、七个五角星。

答案见133页

146

图表里的数字按照一定的逻辑顺序排列，请问问号处应该填入什么数字？

答案见133页

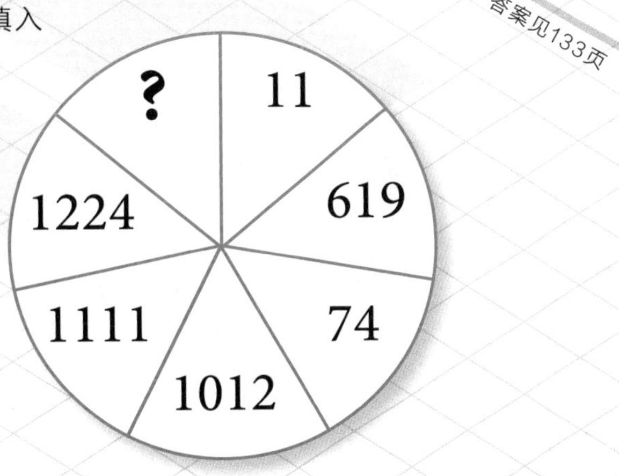

147

以下这些圆圈中的数字遵守了一定的逻辑顺序，请问问号处应该填入什么数字呢？

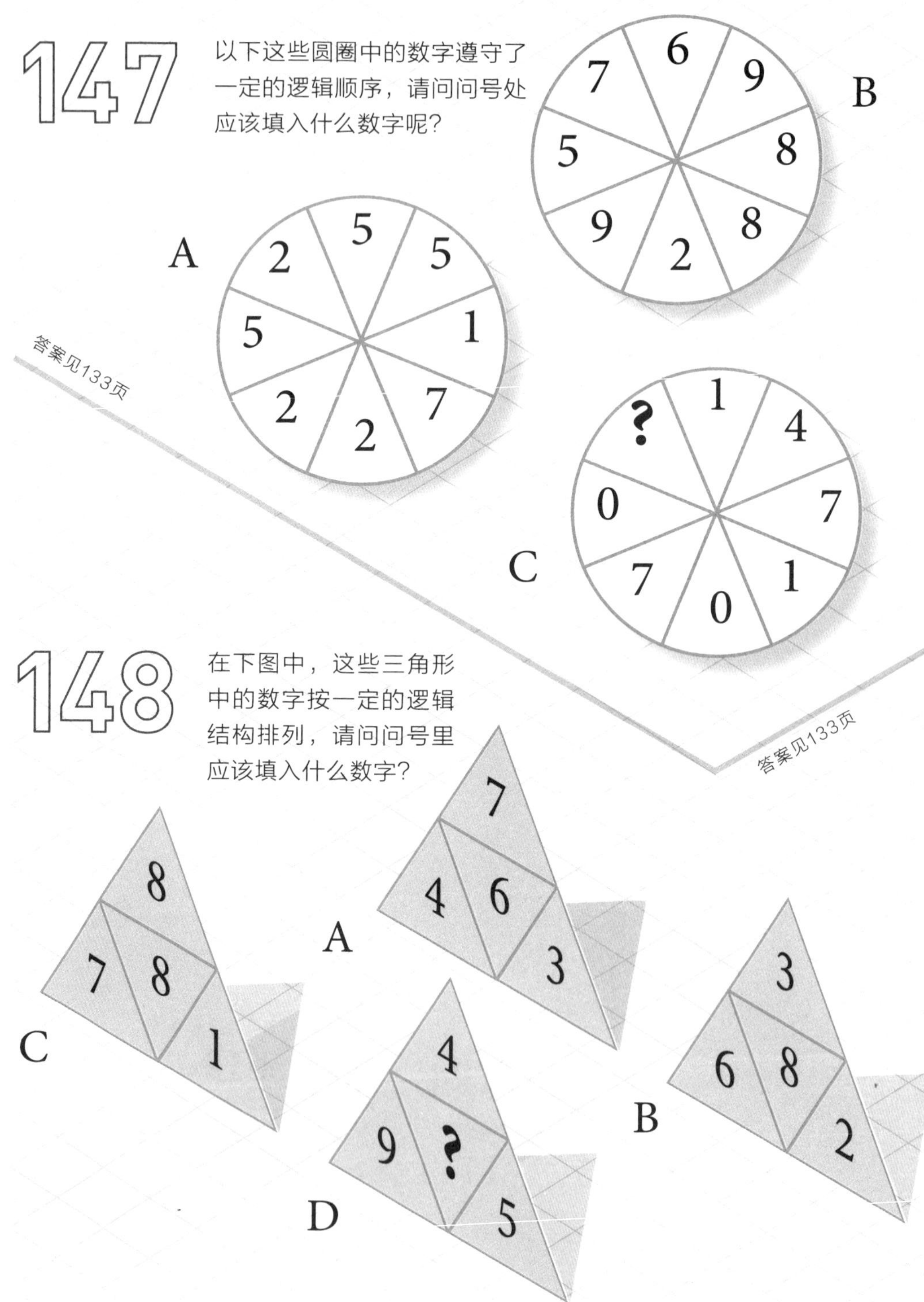

答案见133页

148

在下图中，这些三角形中的数字按一定的逻辑结构排列，请问问号里应该填入什么数字？

答案见133页

149

请将下方给出的数字准确得填入表格内。

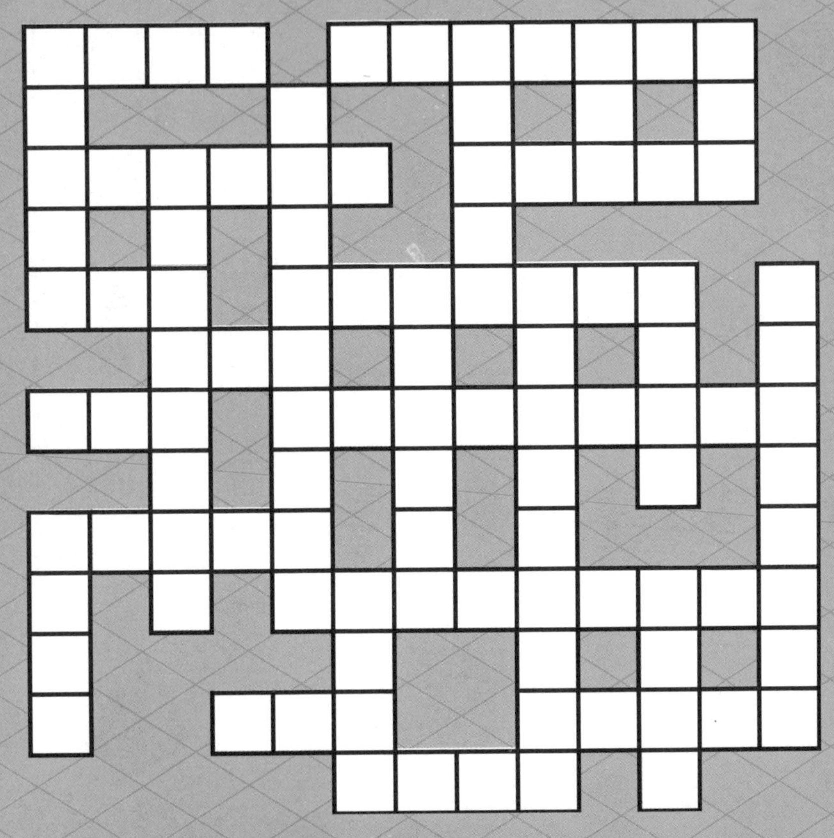

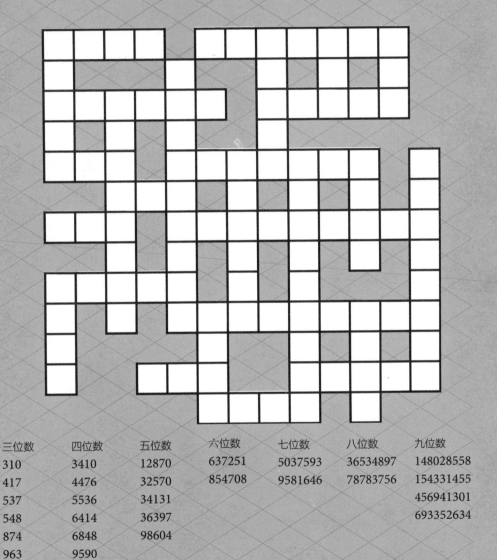

三位数	四位数	五位数	六位数	七位数	八位数	九位数
310	3410	12870	637251	5037593	36534897	148028558
417	4476	32570	854708	9581646	78783756	154331455
537	5536	34131				456941301
548	6414	36397				693352634
874	6848	98604				
963	9590					

答案见133页

150

请将下面的四边形分割成四个形状完全相同的部分，要求每个部分包含五种元素各一个。

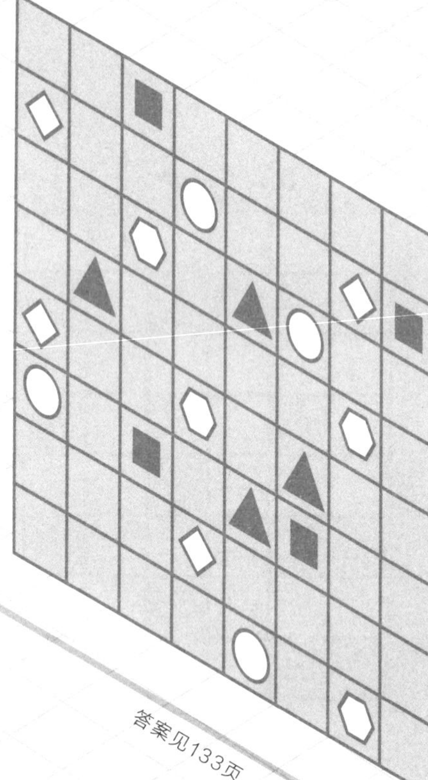

答案见133页

答案见133页

151

问号中的重量为多少才能使天平平衡呢?

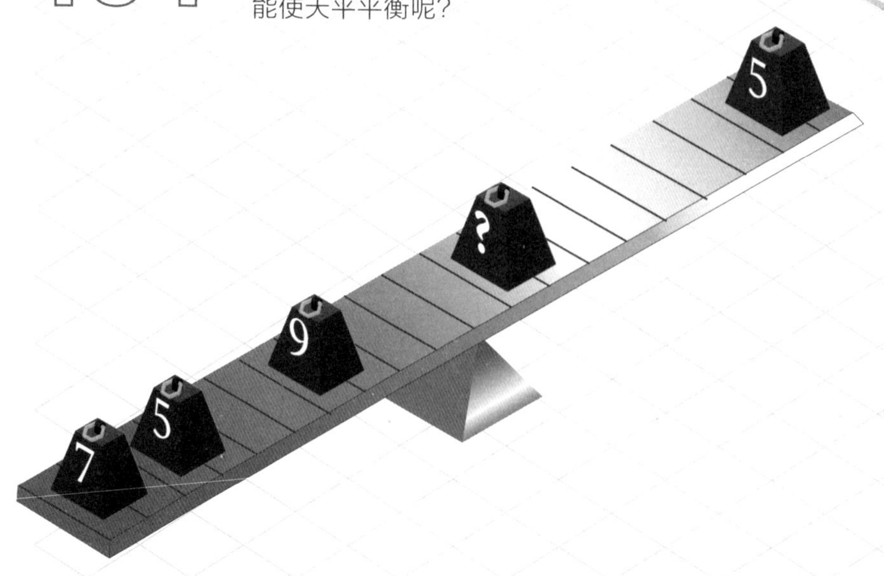

152

从下图中的任意一角开始走，到第五个数字处停下，中间不能退格。将经过的五个数字（包括开始数字）相加，和最大是多少?

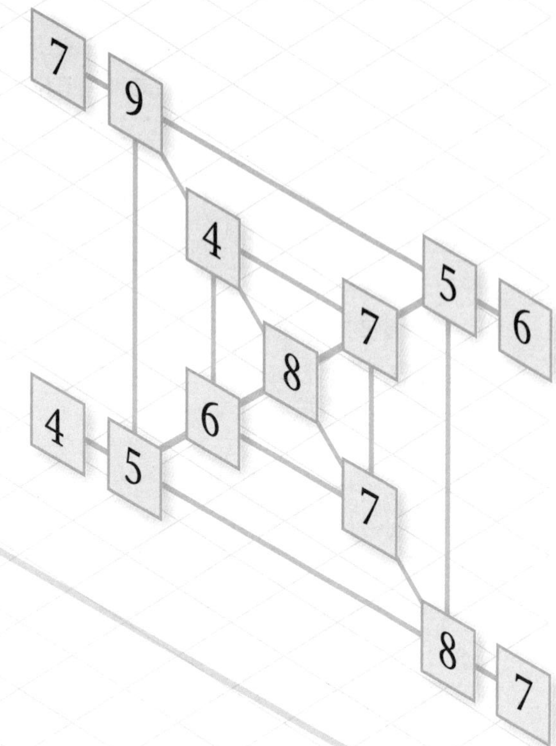

答案见133页

答案见133页

153

有十个人分别站在市中心的不同位置上，准备碰面。请在图上确定一个街角做为集合地，使所有人走的总里程数最短。

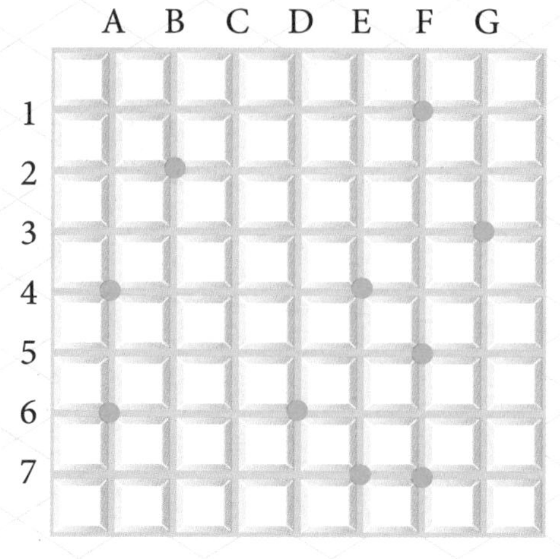

154

答案见134页

几个朋友决定花一天时间找人来锻炼他们的求生技能，他们找来一位最能胜任此职的朋友——沃夫尔冈，他根据他们的表现将其放入不同的情境中。他自命为总指挥，并开始考验所有人，每过一小时根据下表对他们的职位进行一次调整，包括升职和降职。

沃夫尔冈给出的分数如下：

刚开始：每个人的等级从列兵开始

一小时后：利拓升一职。莱利所升的职位是利拓的两倍。诺美所升的职位是莱利的两倍。科普斯所升的职位是诺美的两倍。

两小时后：卡拉升到一等士官长一职。孙升到卡拉的上两职。威尔在孙下面的四个职位处。

三小时后：孙和科普斯同时被升两职。威尔升一职。卡拉降一职。

四小时后：莱利降一职。卡拉被降到列兵一职。诺美到上校一职

五小时后：在1小时后被升职的所有人都升一职。

六小时后：孙升两职。威尔升一职。卡拉升一职。

七小时后：科普斯被降四职。莱利升三职。卡拉升两职。诺美升一职。

那么谁做得最好呢？他们的职位排名是什么呢？

1.将军

2.准将军

3.上校

4.中校

5.少校

6.上尉

7.中尉

8.副官

9.一等士官长

10.中士

11.下士

12.列兵

155

图片A对应图片B，就如同
图片C对应哪幅图呢？

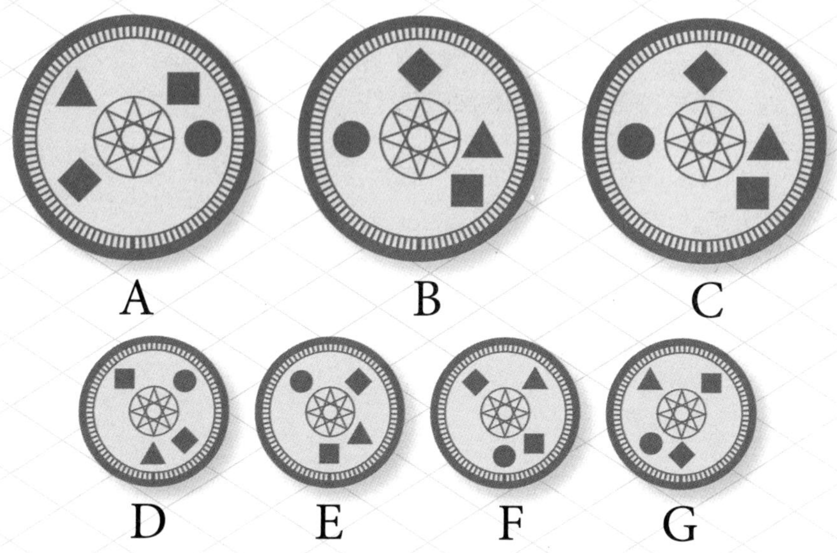

答案见134页

答案见134页

156

三个学生：安娜、芙洛拉和苏西。每个人要从六门课：数学、工程学、编程学、日语、微电子学、物理学中选四门。每门课有两个人选。两从下面所给出的信息中，请判断出哪两位学生选了物理课。

安　娜：若我学习数学，我也会学工程学。
若我学习工程学，我就不会学编程学。
若我学习编程学，我就不会学日语。

芙洛拉：若我学习编程学，我也会学日语。
若我学习日语，那么我不会学数学。
若我学习数学，那么我不会学微电子学。

苏　西：若我学习微电子学，那么我不会学数学。
若我不学数学，我就会学日语。
若我学习日语，那么我就不会学编程学。

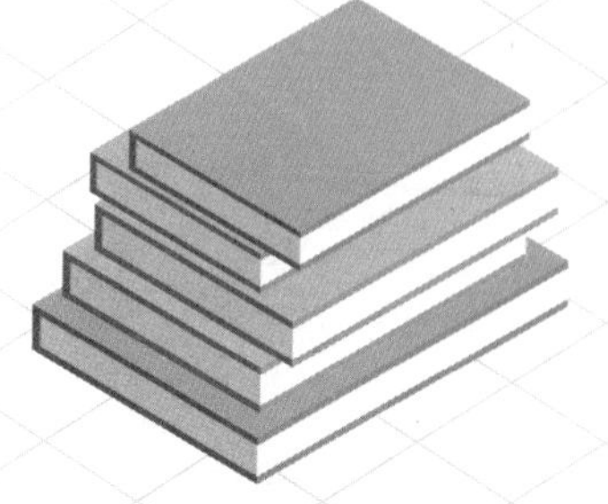

157

请画出三个圆圈，要求每一个圆圈里都要完全包含一个三角形、一个正方形和一个五边形或椭圆形。并且每两个圆圈内不能包含三个完全相同的图形。

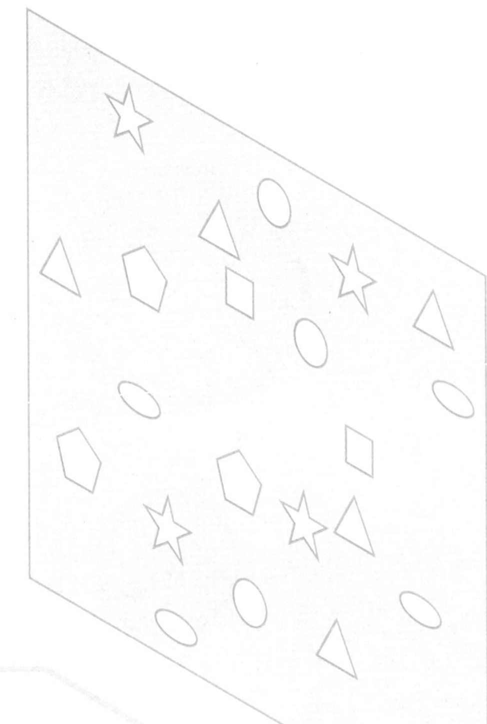

答案见134页

158

下图十二时制的时钟按一定的规律呈现时间，请算出第五个钟表上显示的时间。

答案见134页

A 07 26 30

B 05 13 47

C 10 36 24

D 08 23 41

E ?? ?? ??

159

在图形A到E中，哪一个可以添加一个小球后，使两个小球的情况与最上方所给出的图形情况一致？

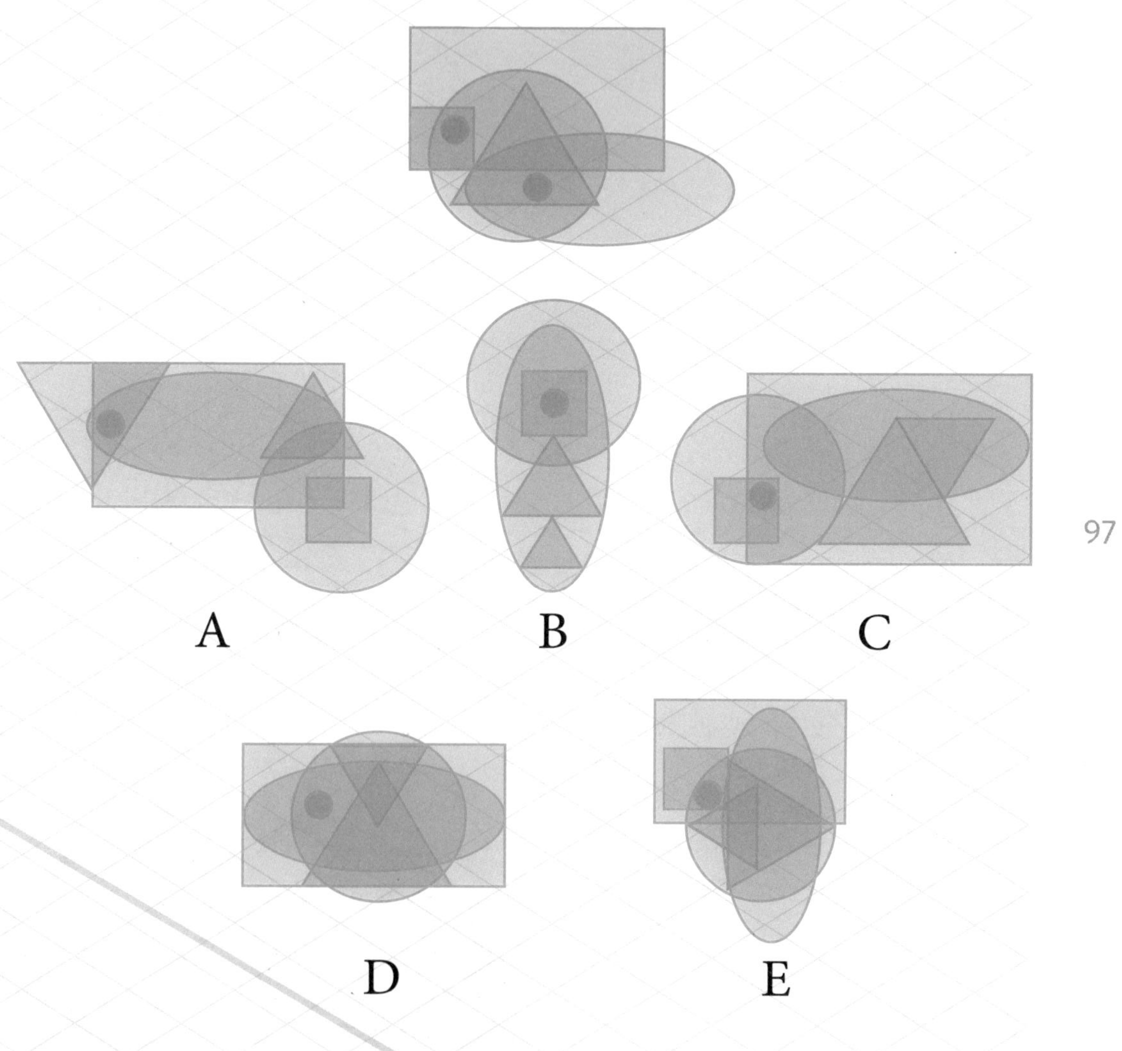

答案见134页

160

以下数字按特定的逻辑规律排列，那么请问问号里应该填入什么数字呢？

A	B	C	D	E
5	4	0	6	9
4	5	1	5	3
8	0	1	6	5
7	4	3	7	2
3	9	1	3	?

答案见134页

161

在一组有114名工作极其专注的鸟类观察家中，86人曾看见过象牙喙翠鸟，77人曾见过科特兰德啭鸟，92人曾见到过鸣鹤，26人曾见到过夏威夷雁，57人曾见到过笛鸻。请问至少有多少人见到过五类鸟中的两种？

答案见134页

162

图形中每一个符号都代表了一个数字，请问问号处的数字应该是多少？

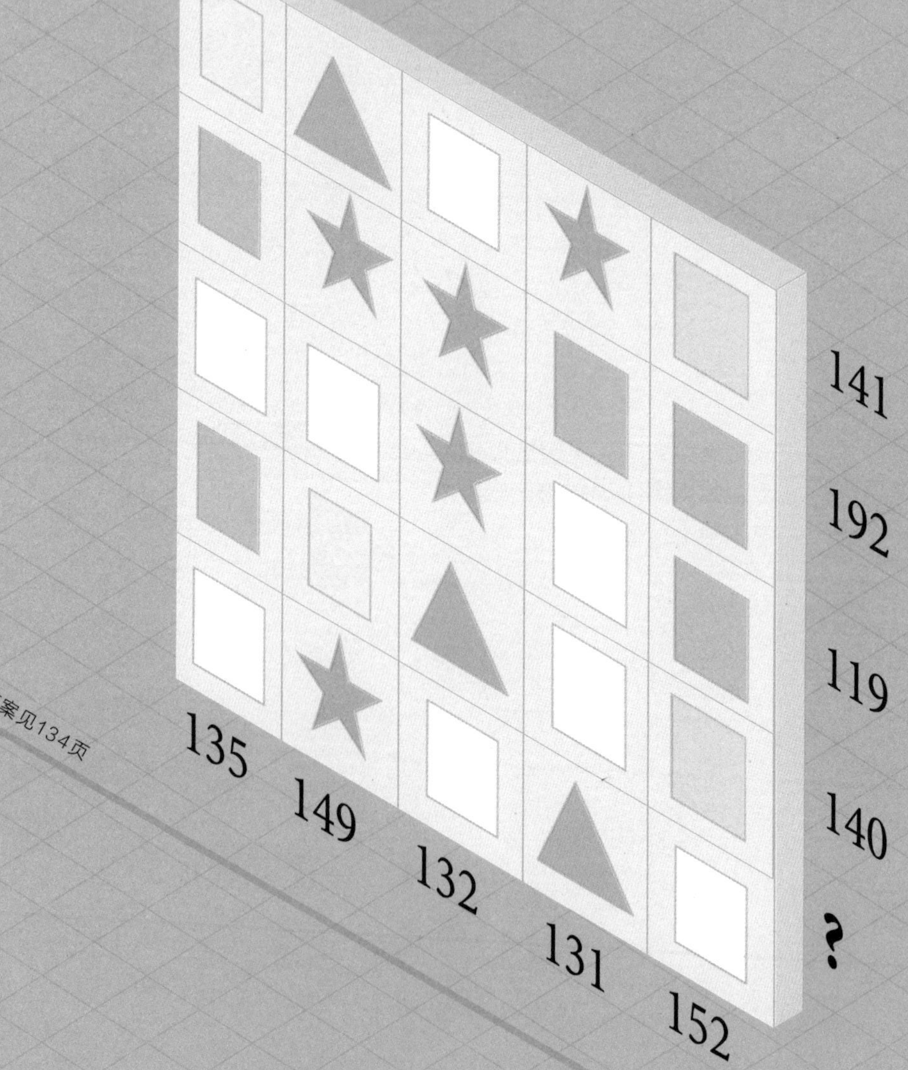

答案见134页

163

下面哪幅图片有问题？

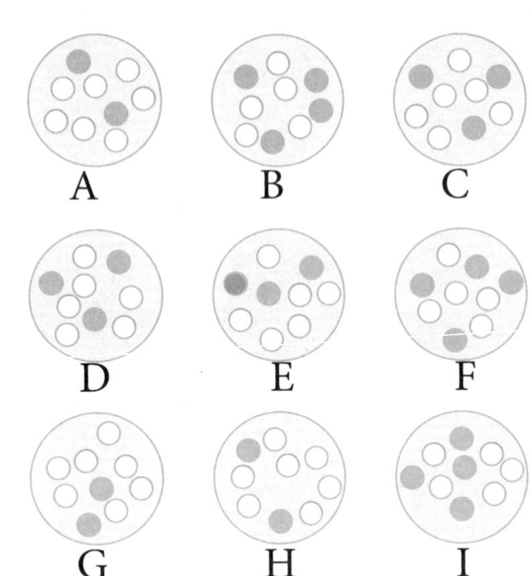

答案见134页

答案见134页

164

该图表按一定的逻辑顺序组合，请问图中顶端的三角形内应画上什么符号？

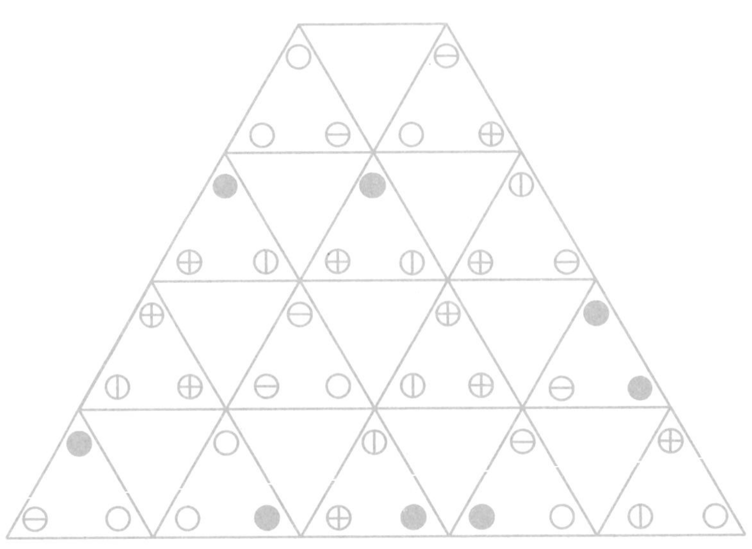

165

根据所给出的操作指示本可以将您选择的任何一个数转变为相同的数，但是有一处错误，使操作指示不能正常运作，请问哪一处有问题？

1. 选择一个数字并写下该数字。
2. 在您刚写下的数字上减去1，记住这个数字。
3. 写下您刚记住的数字。
4. 在您刚写下的数字上乘3，记下该数。
5. 写下您刚记住的数字。
6. 在您刚写下的数字上加12，记下该数。
7. 写下您刚记住的数字。
8. 在您刚写下数字上除以2，记下该数。
9. 写下您刚记住的数字。
10. 在您刚写下数字上加5，记下该数。
11. 写下您刚记住的数字。
12. 在您刚写下数字上减去您写下的第一个数字，记住该数。
13. 写下您刚记住的数字。
14. 若最后一个数字写出的是8，则通过。若不是，则失败。
15. 停笔。

答案见134页

答案见134页

下图中的时钟按一定规律排列，请将钟表4中缺失的时针画出来。

167

下面五块碎片中的四片可以组合成一个常规几何图案，请问哪块被剩下来了？

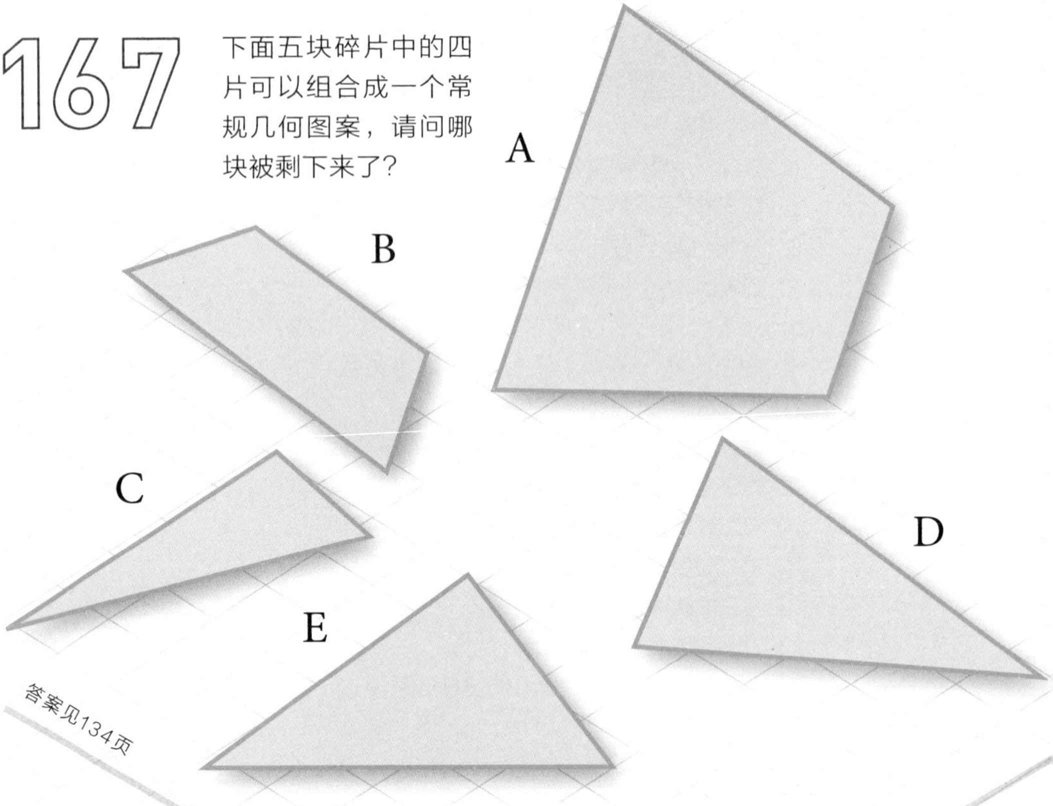

A

B

C

D

E

答案见134页

答案见134页

168

下图中用火柴棒拼出了三个三角形，您能只移走两根火柴棒，使下图中没有三角形吗？

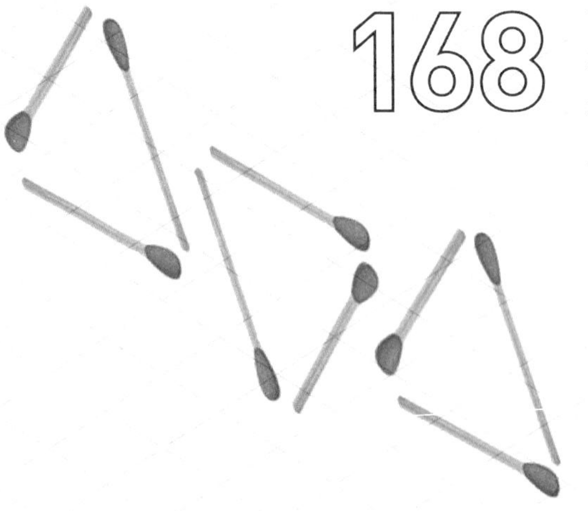

169

在您面前有三个人：A、B和C。他们彼此认识。他们三个按顺序站着，在左边的那位是A。三个人中的一个人总说谎。一个人从不说谎。一个人有时说谎有时不说谎。现在您可以问三个问题，他们回答对或错，每次您只能问一个问题，找一个人来回答。那么请问您问哪些人、哪三个问题就可以判断出谁从不说谎？

答案见134页

答案见134页

170

一场比赛以五程的得分来计算成绩，如图给出每程距离，单位为千米，每个人的平均速度，单位为米/秒。以下为排前五名的选手信息，请算出哪一位选手获胜？总共耗时多少？

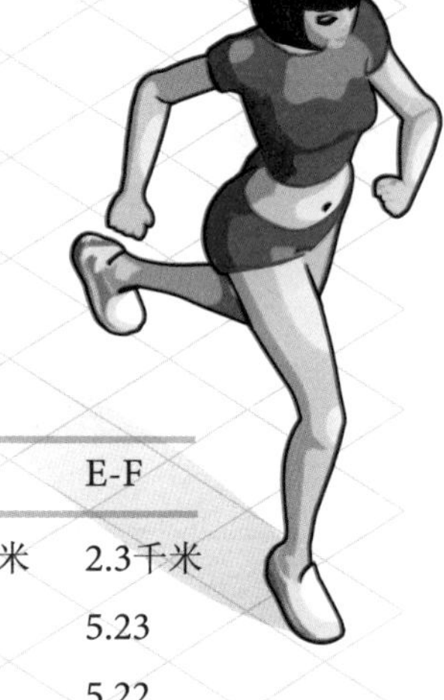

参赛者	腿:	A-B	B-C	C-D	D-E	E-F
	距离:	2.4千米	2.6千米	2.5千米	2.7千米	2.3千米
V		4.65	4.52	4.32	3.81	5.23
W		4.67	4.51	4.35	3.79	5.22
X		4.71	4.49	4.31	3.80	5.24
Y		4.68	4.51	4.29	3.82	5.23
Z		4.72	4.52	4.30	3.79	5.21

171

请重新排列以下数字，使等式成立。注意：不要添加任何运算符号。

$$66 = 234$$

答案见135页

172

根据下图中天平的等量关系。请问最后一个天平中应填入几个球形使它平衡呢？

答案见135页

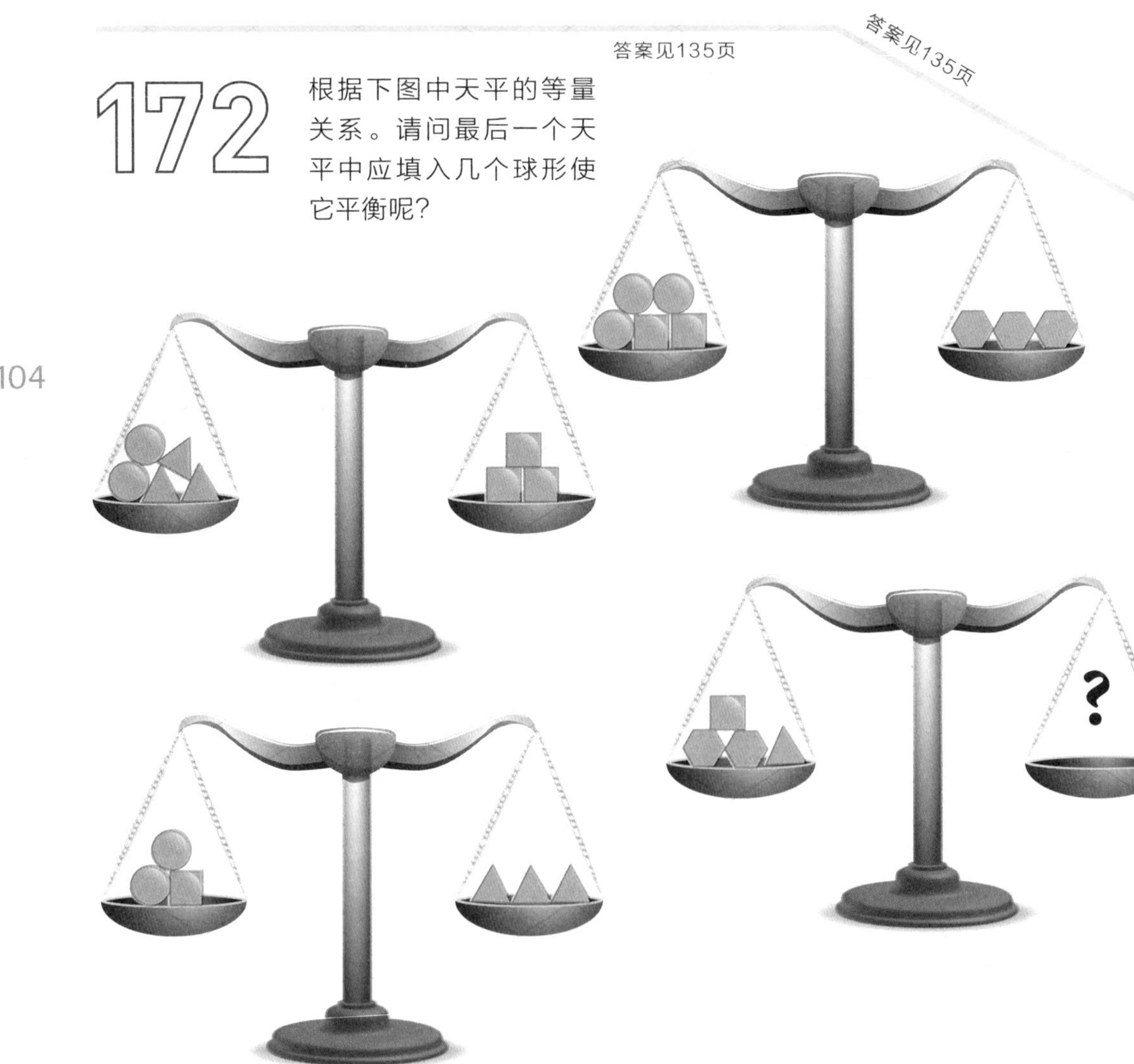

173

几位剧作家将他们名字中的元音字母和空格拿掉了。您能将其复原吗？

JNCCT
LBRTCMS
SMNRZ
MRTNMCDNGH
SNCTHNGR
SHLGHDLN

GRGBCHNR
LFRHKRSMNRSN
PRRDMRVX
STPHNSNDHM
TRCLTTS
KLDS

答案见135页

174

有十个人分别站在市中心的不同位置上，准备碰面。请在图中确定第十个人所站的位置，使他到集合地尽可能地短，并且保证所有人走到集合地的总里程数最短。

答案见135页

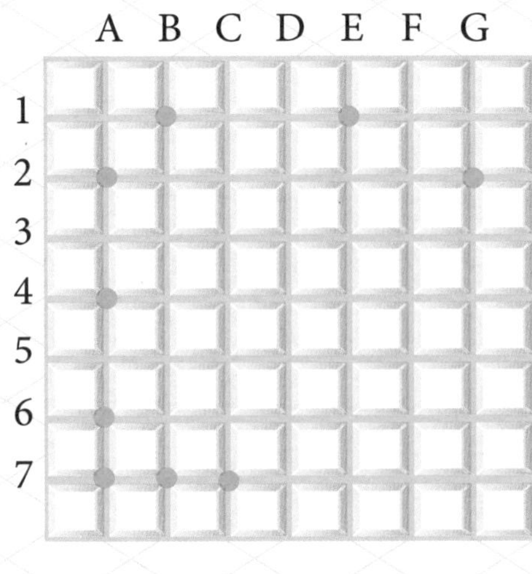

175

有五个人按顺序接受采访。请根据下面所给出的信息，判断出第四个接受采访的人来自哪里?

信息如下:

从诺福克来的人是房地产经纪人。

从拉特兰郡来的人想要学习哲学。

爱尔维拉来自艾塞斯克。

弥尔顿是位老师，在他之前接受采访的是位会计师。

有着红色头发的那位想要学习社会学。

职业是兽医的那位长着黑色的头发。

莱拉是中间那位接受采访的。

来自汉普郡的居民第一个接受采访。

金色头发的那位要么在想要学习人类学的那位之前接受采访，要么就是在之后接受采访。

黑头发的那位要么在想要学习心理学的那位之前接受采访，要么就是在之后接受采访。

安东尼长着灰发，但是从哥伦比亚来的那位有着棕色头发。

来自汉普顿的那位要么在职业是人生导师的那位之前接受采访，要么就是在之后接受采访。

莉莲要么在有着金色头发的那位之前接受采访，要么就是在之后接受采访。

	E	D	C	B	A
A					
B					
C					
D					
E					

答案见135页

176

在您面前有三扇门，它们中的任何一扇都有可能在您开门的瞬间让您触电致死。每一扇门上都有一句标语。要么其中的一句标语为真，要么没有任何一句标语为真，您已分辨不清楚了。请问：您应该开哪扇门呢？

标语A：此门致命。

标语B：此门安全。

标语C：B门致命。

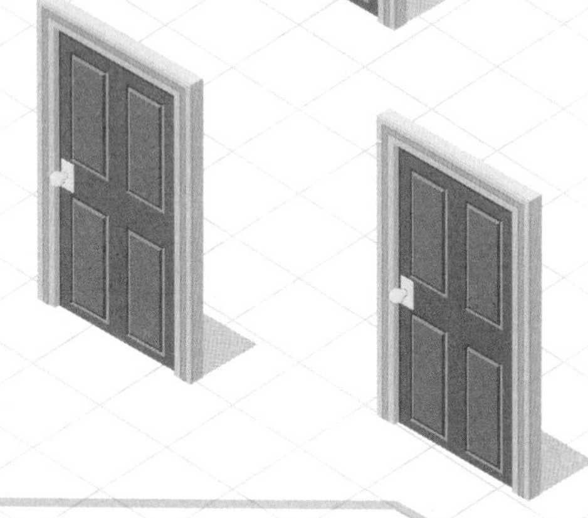

答案见135页

177

下图按照一定的逻辑顺序排列，请问：缺失的一角应为什么样的图形？

答案见135页

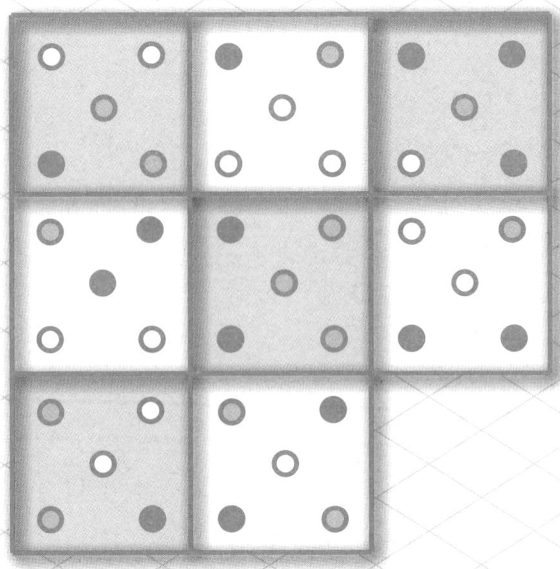

以下这些圆圈内的数字遵守了一定的逻辑顺序，请问问号处应该填入什么数字？

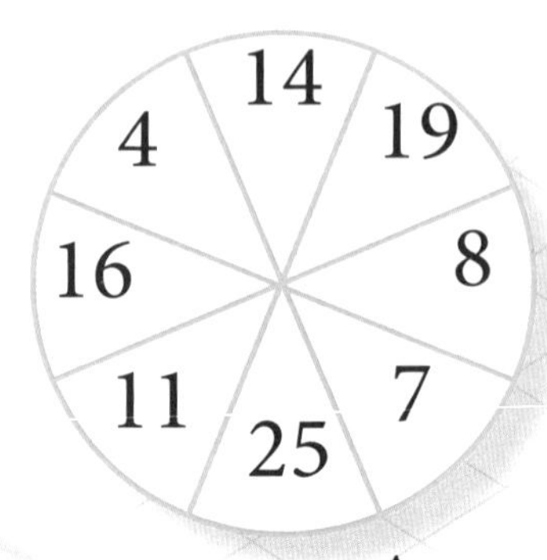

16
4
2
19
1
15
2
7
B

答案见135页

179

图中的圆形竖图按一定规律排列，请问问号处应填入什么组合的圆形竖图？

答案见135页

180

请发现下图中字母的排列规律，将正确的字母填入问号处。

答案见135页

答案见135页

181

如图所示，这些符号都有特定的位置，外围的四个圆里的图形要想在中间的圆圈中出现，必须遵循以下规则：如果其中一个元素只出现过一次，那么它一定被转入中间的圆圈中；如果出现两次，那么在同一位置没有其他元素的情况下，也会被转入中间的圆圈中；如果出现三次，那么在其他只出现一次的元素没有占位的情况下，可能会被转入中间的圆圈中；如果出现四次，那么一定不会被转入。该规则下的相同数量的元素间需要竞争占位，其竞争顺序是从上到下，优先从左上角开始，依次是右上角——左下角——右下角。请画出中间圆圈内图形的样子。

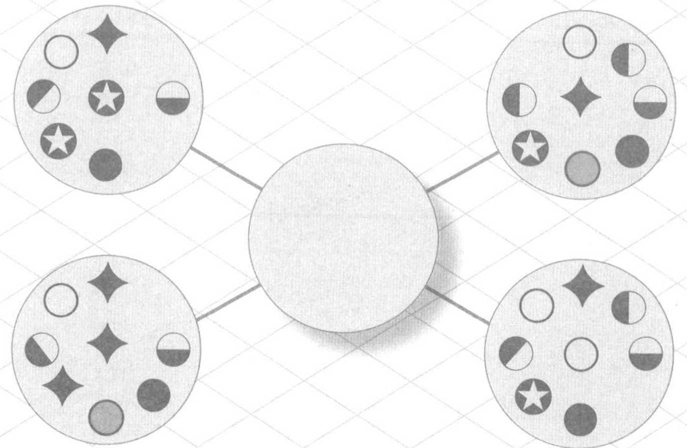

182

单词MAMMAL在下图中只出现一次，可通过横向、纵向、斜对角方向来找该词。请在下图中找到该词。

L	L	A	L	A	A	M	A	M	M	M	A	M	A	M
A	M	L	M	A	L	A	M	A	A	M	M	A	M	M
M	L	M	A	L	M	A	M	M	M	A	A	M	A	M
M	L	A	A	A	A	M	M	L	L	M	A	A	A	M
A	L	M	L	L	A	M	A	M	A	A	M	M	L	M
M	A	A	A	L	M	A	M	A	M	L	A	A	A	A
A	M	A	A	L	M	M	A	M	M	M	M	L	M	L
M	M	M	A	M	A	L	M	M	M	A	M	A	M	M
M	A	L	L	A	A	M	M	A	M	M	A	A	A	A
A	M	L	M	A	A	M	M	A	A	M	L	M	M	M
A	L	M	M	M	M	A	A	A	L	L	L	M	M	A
A	A	L	M	M	L	A	M	L	A	A	M	M	M	L
A	M	M	M	A	M	L	M	M	A	A	M	A	M	M
M	M	M	M	M	A	A	L	A	M	M	A	A	A	L
L	L	M	M	A	L	M	M	A	M	L	M	A	M	A

答案见135页

183

A对应B，就如同C对应D、E、F、G、H中的哪一个呢？

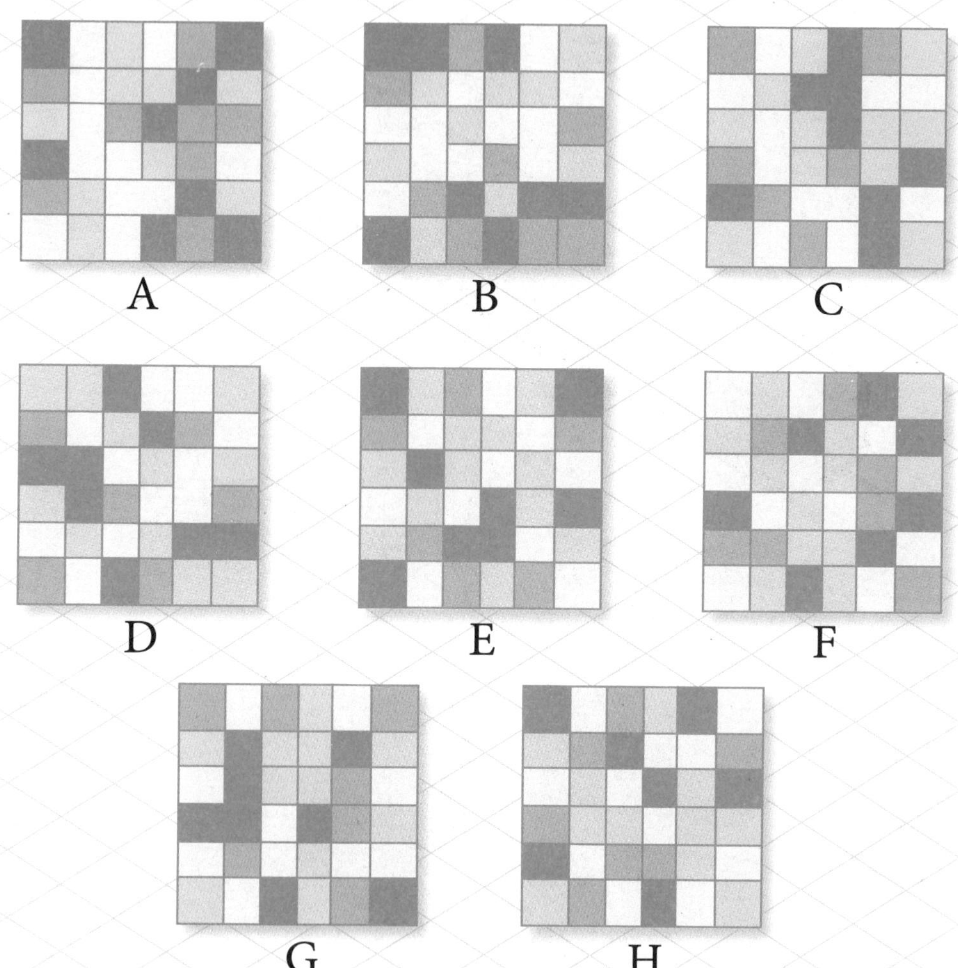

答案见135页

184

试想一下，几节货物火车绕赤道行驶，几节火车沿着与它相反的方向行驶，在某一天它们都绕着地球完整地行驶了一圈。若它们都没有出现故障、坠毁或是耗尽燃油，请问哪个方向行驶的火车的轮胎先磨损？

答案见135页

185

图中正方形内的数字和字母排序遵循特定的规律，请问问号处应填入什么数字？

答案见135页

186

下方的几串数字代表着几种不常见的颜色名，它们的字母被编码成数字，这样可以在一个特殊的号码盘上以数字的形式显示。您能将这些数字解码为颜色名吗？

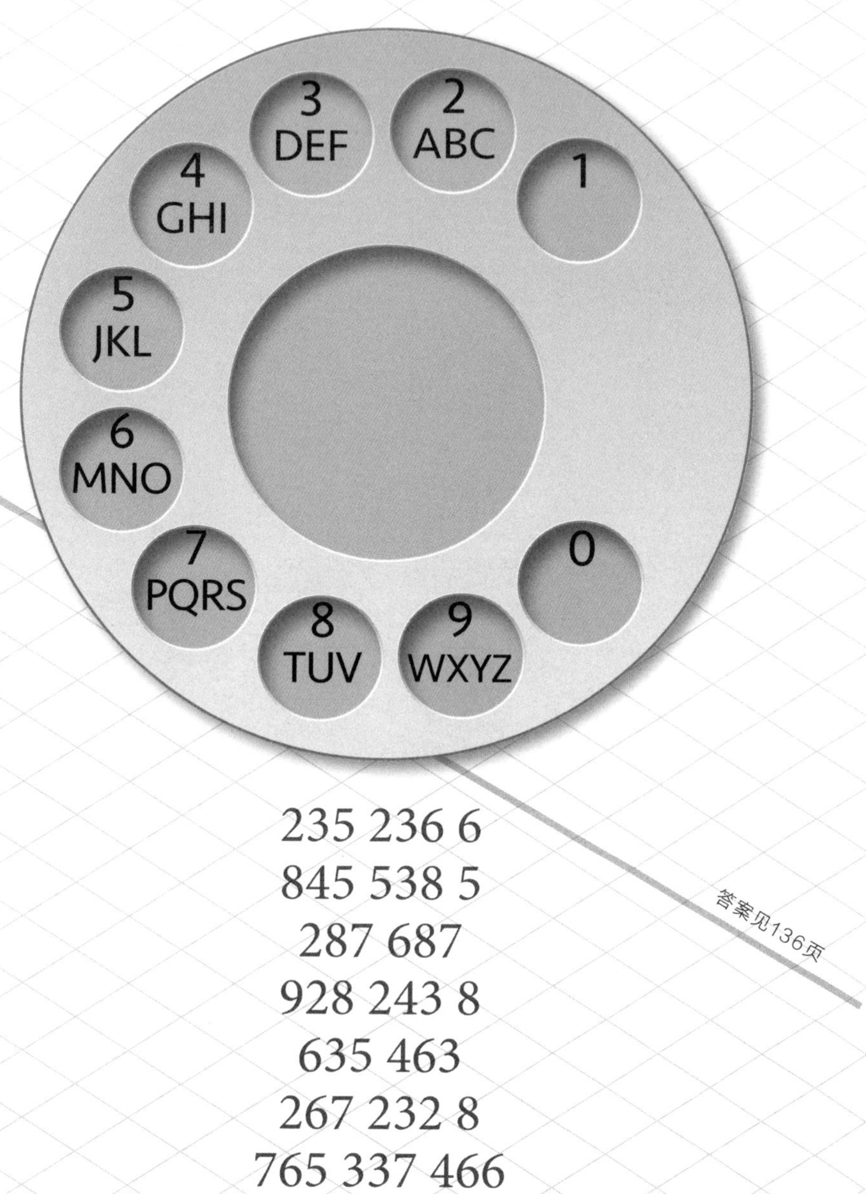

235 236 6

845 538 5

287 687

928 243 8

635 463

267 232 8

765 337 466

答案见136页

187

下列设计作品内部遵循一定的逻辑规律，请问问号处应填入什么数字呢？

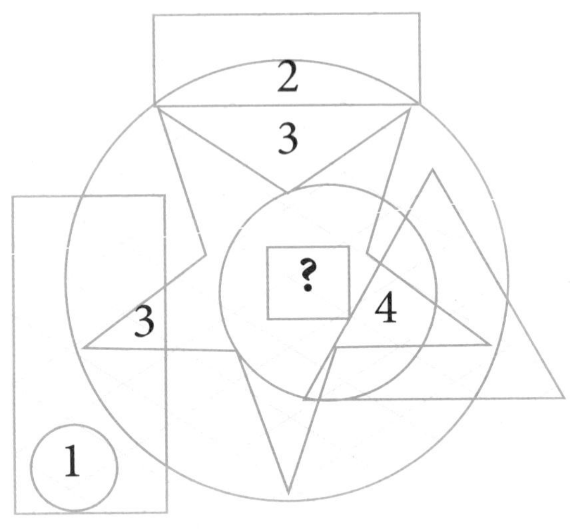

答案见136页

答案见136页

188

杰克和约翰想要知道吉尔的生日是哪天，吉尔给出了以下几个日期：

2月5日	6月17日	9月9日
3月2日	6月6日	9月13日
4月7日	7月14日	10月11日
4月16日	7月16日	10月12日
5月15日	8月14日	10月14日
5月16日	8月15日	11月10日
5月22日	8月17日	

然后，吉尔偷偷地告诉了杰克她出生的月份，告诉了约翰她出生的日子，并且约翰和杰克都保证不把吉尔告诉自己的信息告诉彼此。杰克说，他不能说出吉尔的准确生日，并且他保证约翰也同样不能。约翰回答道，在某种情况下，他知道吉尔的生日。之后杰克说道，若是这样，那么他也能知道吉尔的生日。那么请问，吉尔的生日是哪天呢？

189

在下图中，这些三角形内部按一定的逻辑顺序排列，请问问号里应该填入什么呢？

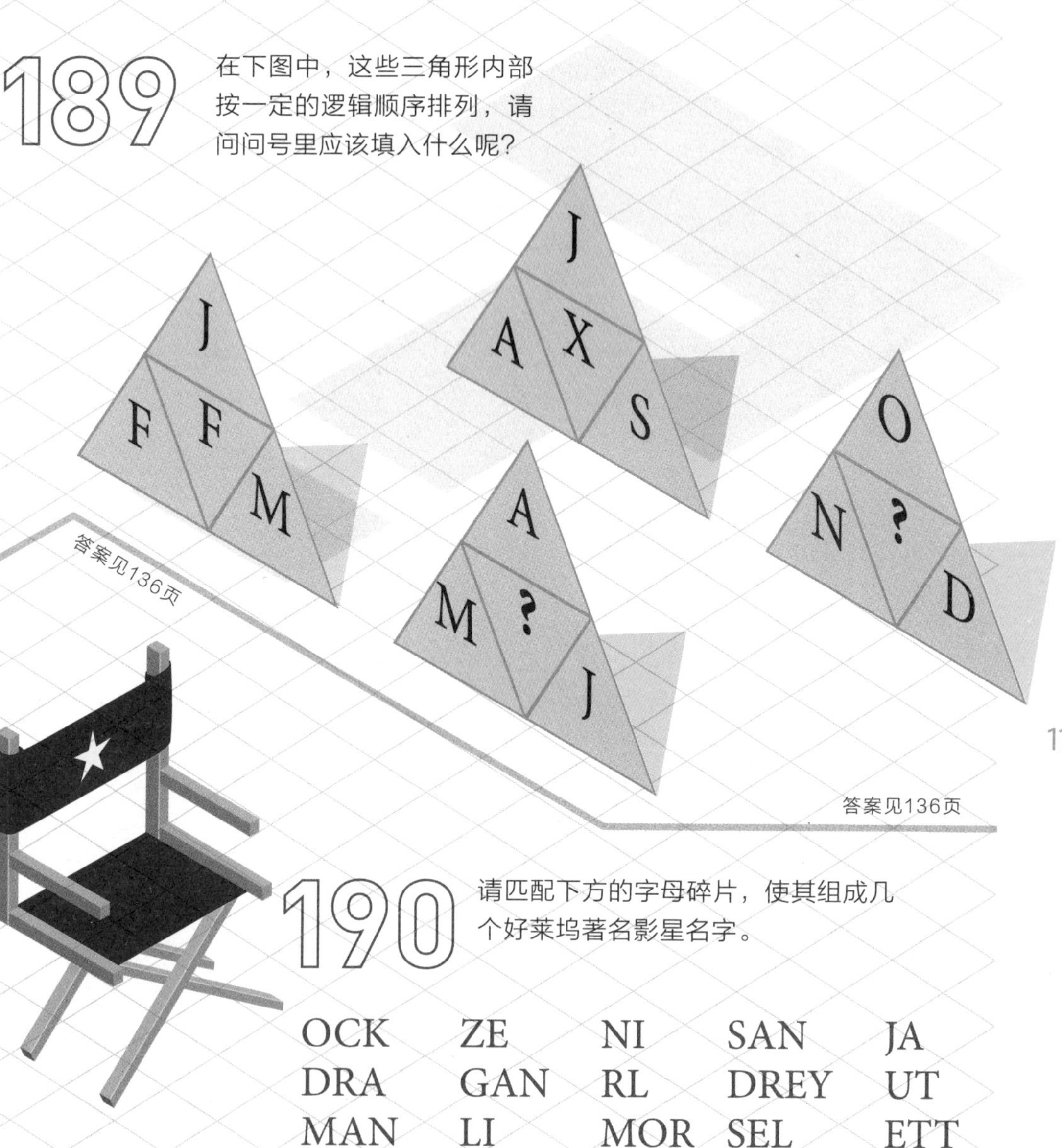

答案见136页

答案见136页

190

请匹配下方的字母碎片，使其组成几个好莱坞著名影星名字。

OCK	ZE	NI	SAN	JA
DRA	GAN	RL	DREY	UT
MAN	LI	MOR	SEL	ETT
SCA	DA	JO	CHOL	HANS
MI	FREE	CHA	AU	DOU
GLAS	RON	SON	CK	THE
HAS	OU	HO	EL	FF
BULL	CHAR	SON	VID	TA

191

您能根据下方所给的28组多米诺列表成功分割这个图板吗？

4	1	0	6	6	3	3	1
5	5	0	1	1	0	4	4
5	6	2	3	6	4	6	2
0	2	2	4	3	3	0	4
0	5	2	1	6	4	3	5
0	6	5	0	1	1	1	5
2	4	5	6	2	2	3	3

0 0

0 1　1 1

0 2　1 2　2 2

0 3　1 3　2 3　3 3

0 4　1 4　2 4　3 4　4 4

0 5　1 5　2 5　3 5　4 5　5 5

0 6　1 6　2 6　3 6　4 6　5 6　6 6

答案见136页

答案见136页

192

有五个骗子，其中两个被怀疑参与到一场劫案中，现每个人分别做一条陈词，其中三条陈述是假的。三个说谎的人是无辜的。那么请问哪两个是有罪的呢？

A:“B是无辜的。”

B:“A和C有罪。”

C:“D是有罪的。”

D:“C讲的是真话。”

E:“C是无辜的。”

193

在下图中，26个字母被随意排列的数字一一取代。据此，您能用字母将此表正确填出吗？填写完成后，每一组为一个英语单词。

			25		7				4		9			
1	11	21	1	9	1		12	24	5	17	11	5	20	20
	1		10		13		1		6		1		8	
23	7	13	14	7	15	24	9		1	9	3	22	24	14
	6		1		8		22		26		22		11	
16	24	19	20	1	17	21	22	26	26	11	5			
	6		24				15		11				10	
19	1	11	1	18	13				5	6	24	14	8	23
	7				5		7				10		10	
			21	5	1	10	22	14	4	22	14	14	5	23
	20		5		23		15		22		23		12	
9	7	5	23	22	4		1	24	23	15	24	11	5	20
	8		24		8		10		24		19		10	
6	5	9	8	23	8	22	20		1	9	22	24	14	13
			6		2				11		5			

1	2	3	4	5	6	7	8	9	10	11	12	13
					D	H						Y
14	15	16	17	18	19	20	21	22	23	24	25	26

答案见136页

194

观察下方三幅图的递变规律，找出下一幅图应该是A、B、C、D、E中的哪一幅？

答案见136页

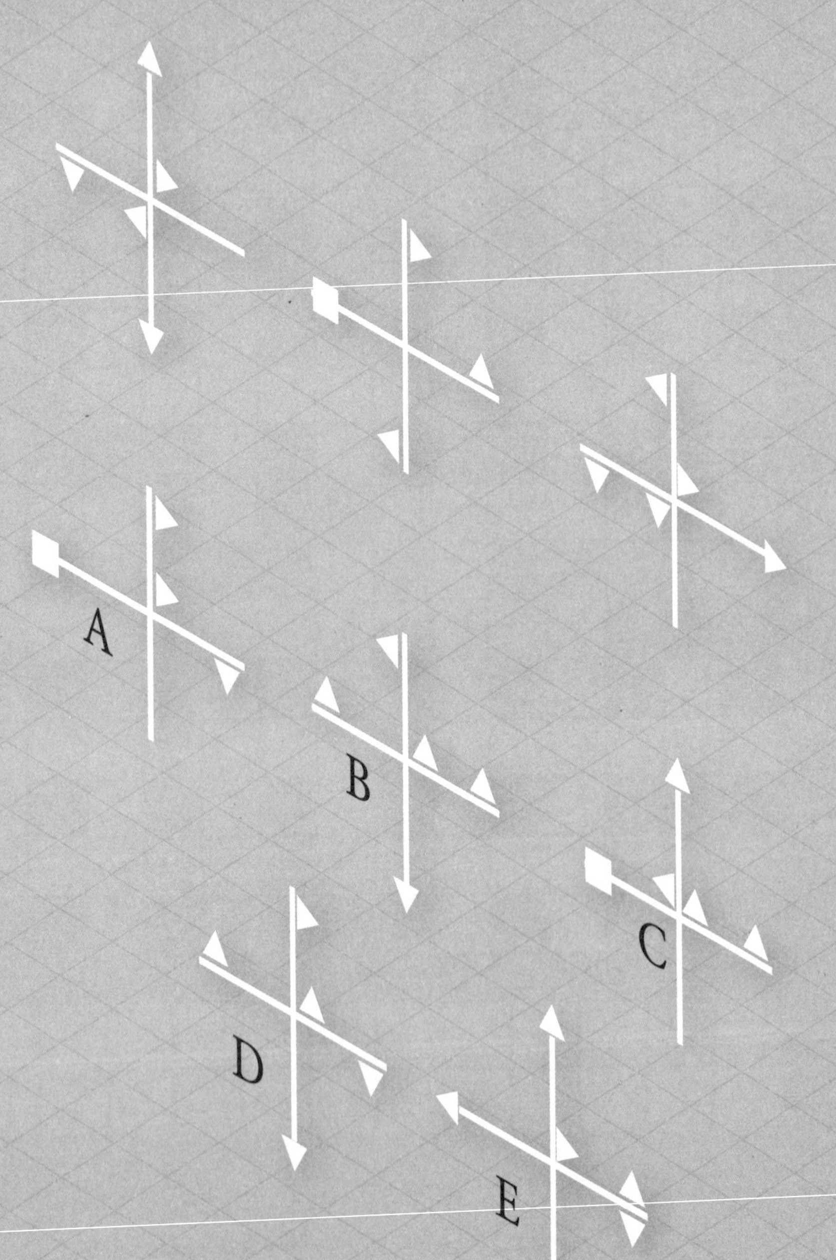

下图中每个圆圈内都包含一部文学作品的名字和其作者的名字，您能将它们解码吗？

A: LANDIEEHII AIETRMHYCDETGEDIVNO

B: TSAEABARMDLRMEEVAYUAFBUOTGV

C: REGEERNGROTIENGELEOWNOFEHLUTIY

答案见136页

答案见136页

196

下面的3×3图表中有一块是错误的，您能找出来哪块错了吗？

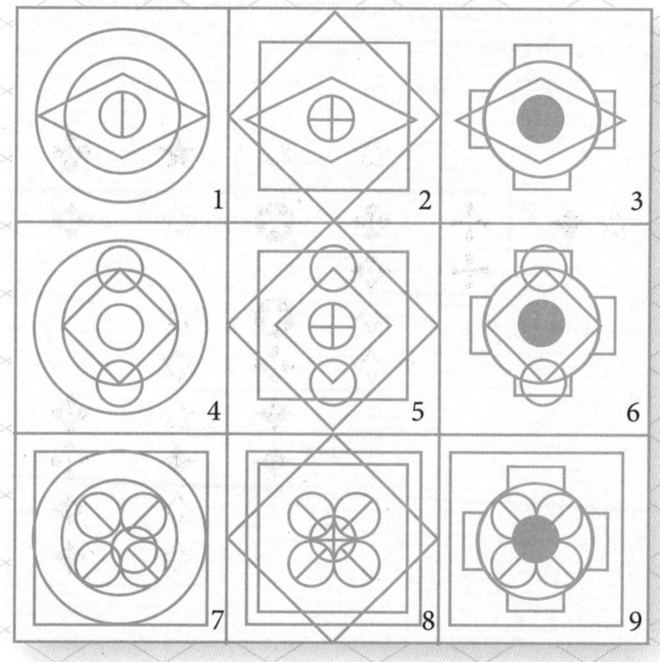

197

乔纳森出生在3月26日，住在那什维尔，是位大臣，喜欢洋蓟。菲丽西亚出生在8月5日，住在加罗韦，是位医生，喜欢韭菜。马格诺利亚出生在12月29日，住在斯普林菲尔德，是位科学家，喜欢卷心菜。斯蒂芬出生在10月11日，住在丹维尔，是位讲师，喜欢莴笋。乔治尼雅出生在3月9日，住在思洛克莫顿，是位金融家，那么请问她喜欢什么蔬菜呢?

A. kale（羽衣甘蓝）
B. peas（豌豆）
C. spinach（菠菜）
D. turnip（萝卜）
E. brocolli（花椰菜）

答案见136页

198

在以下较长的除法运算中，每一个数字都被任意给出的符号所取代。请列出原始的除法运算式子。

答案见136页

```
             ☆  ✡  ★  ♣  ✣
       ┌──────────────────────
 ☆ ✦   │ ✢  ♣  ✪  ☆  ✤  ✪
         ✢  ✤
         ─────
            ✧  ✪  ☆
            ✧  ✤  ✡
            ─────────
               ✦  ☆  ✤
               ✦  ✦  ✣
               ─────────
                  ✧  ✦  ✪
                  ✧  ✦  ✪
                  ─────────
```

199

下面为一个5×5方格数字拼贴图。当重组这个拼贴时，要求：每一行和对应列数的五个数字都完全相同。您能重组该拼贴图吗？

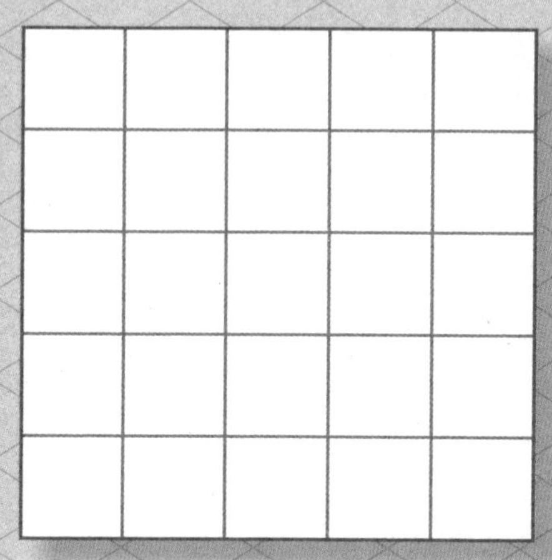

5	5	0

7	4	6

1
97

9
3

4
5

5

0
3
2

5	5

7	6

3	5

1
7

答案见137页

200

下图这张网格中的图形按照一定规律排列，请在空白处填入符合规律的图形。

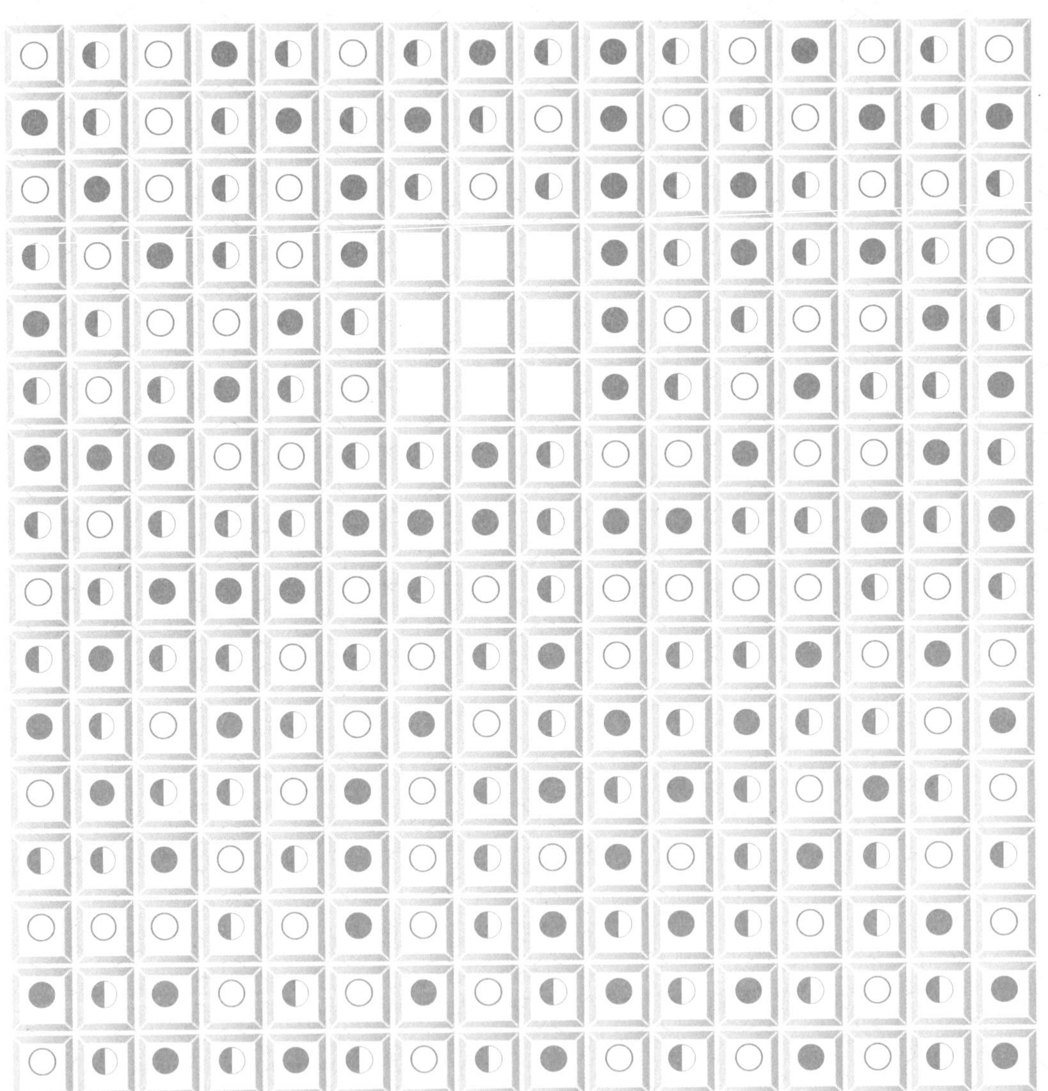

答案见137页

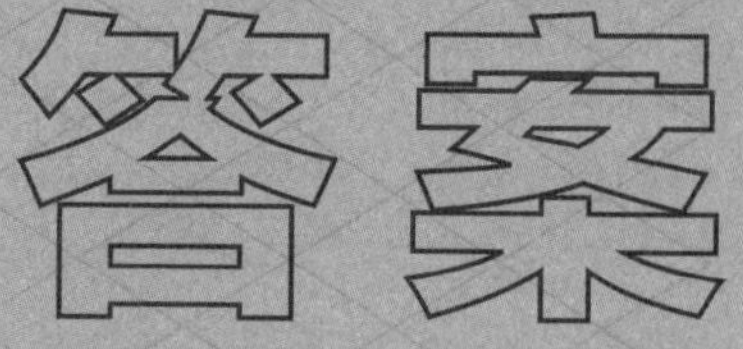
答案

01

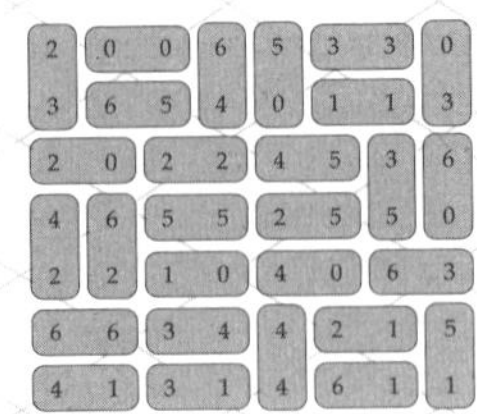

02

Minnie Driver（明妮 · 德瑞弗）
Angelina Jolie（安吉莉娜 · 朱力）
Alyson Hannigan（艾丽森 · 汉妮根）
Julia Dreyfus（茱莉亚 · 德瑞弗斯）
Rip Torn（雷普 · 汤恩）
Mel Gibson（梅尔 · 吉布森）
Matthew McConaughey（马修 · 麦康纳）
Kiefer Sutherland（基弗 · 萨瑟兰）
Owen Wilson（欧文 · 威尔逊）

03

第四步出了问题，其中并没有明确指出车子是否在移动

04

我们给出以下参考答案：**A 7－6×5÷15＋18＝23**
B 9＋(7×7＋3)÷13＝13
C (8×9÷12＋14)÷5＝4

05

图案由左上至右依次是：

06

B（越详细的提示往往是错误的。）

07

S（每个字母代表的数值是其在26个字母表中的顺序数，如A=1、Z=26,再从A=27、B=28开始循环。中间三角形中的数字为周边三角形内数字之和。）

08

5（E=B）

09

A：220分（A的第二句话是错的。）**B：260分**（B的第一句话是错的。）**C：200分**（C的第三句话是错的。）

10

Y

11

0	2	8	5	4
2	3	5	7	9
8	5	6	3	4
5	7	3	0	2
4	9	4	2	3

12

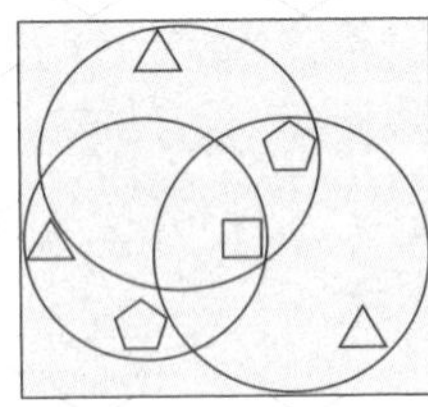

13

C4

14

第四张桌子

15

Vermont（佛蒙特州），**Kentucky**（肯塔基州），**Oregon**（俄勒冈州），**Nebraska**（内布拉斯加州），**Oklahoma**（俄克拉荷马州）

16

17

17（这几项为连续质数。）

18

这两人并不互为对手

19

9 (=7−2+4)

20

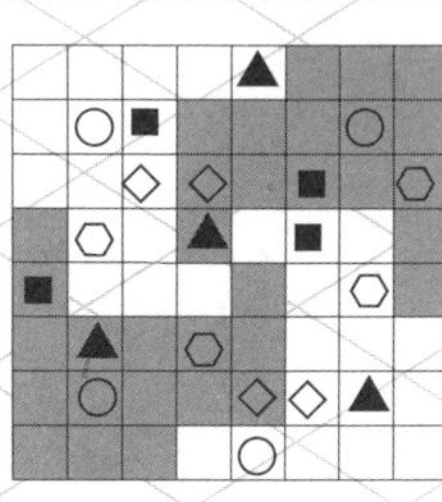

21

104（下面一行的数字减去上面一行的数字，结果是递增的质数。）

22

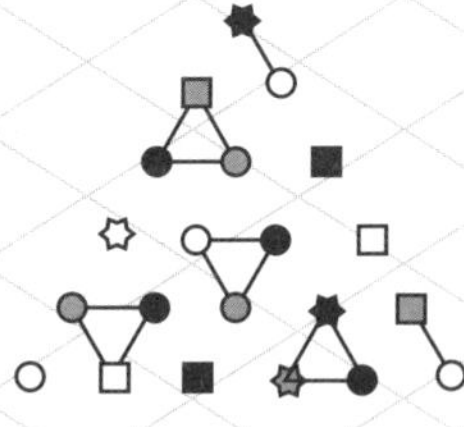

23

	6	7	4	8				9		7	1	9
	9			4		8		6	3	1		3
6	9	3	0	3	9	5	2	9		3	6	6
8		4				1		3				1
4	5	2			3	5	4	6	4	3	6	3
1		6				6		3		0		5
		5	6	9	4	2	9	5	0	3		9
4	7	5		7		7		2		9		6
	9		1	8	7	0				5	6	6
	0			0			3	8	2	2		
	8	2	1	4	6	5		1		6	6	2
		6		3		6		4		4		3
2	5	1		6	4	3	6	5	4	9	7	0

24

C（没有一个骗子会承认事实。）

25

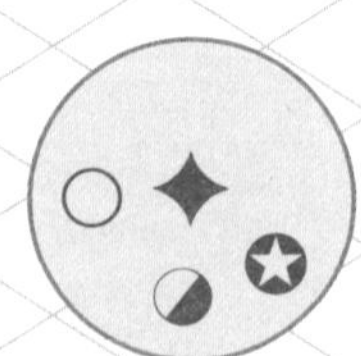

26

18（可以将A、B中的数字逐块对应来看，可得出C中的数字对应的是A与B的积。）

27

2（每个数字对应一个字母，数字表示其在26个字母表中的排位，这个单词是tumble。）

28

203840÷14=14560

29

80%

30

C

31

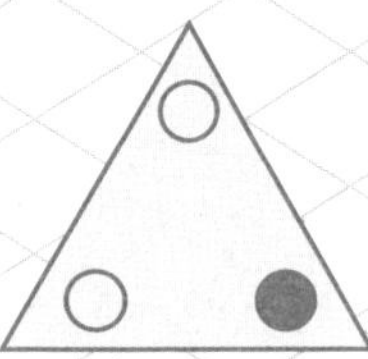

32

B （B袋中是梨的概率为66%，A袋中是梨的概率为50%。）

33

13（U=21，H=8，该数为U和H之间的差。）

34

略低于15亿千米

35

Prague（布拉格），**Barcelona**（巴塞罗那），**Glasgow**（格拉斯哥），**Brisbane**（布里斯班），**Vancouver**（温哥华），**Dubai**（迪拜）

36

```
T O T T R N G T T G R G T T T
T T T I I I G O I T T T T O T
T N G G I T G N T N R G G O T
N O T G O O N O I T G O R G T
T T I O T N T T T T O T O T I
R R G T T G R O I G T T T T R
T O T I N I O T T N I O R T G
T T O N T T N O G R R T R R G
G G T I I G T N G I G O N T G
R G O T T T I O R N T T T O G
R N R O T R N T I T T O R G T
T I R N N T G T T G G N I G T
G R G O T G T O O O N T T T T
T T O N R T N R T N T R G O O
O T I T T T N I N T R N O T N
```

37

F（字母A到F分别代表着数字1到9，每行和每列数相加都为15。）

38

11:46:43（由第一个时钟上的时间依次递减1:13:04、2:26:08、3:39:12、4:52:16，可得出第五个时钟上的时间。）

39

40

B

41

6

42

4（数字转化为26个字母表中对应的字母，按照从上至下、从左至右的顺序，拼出单词DZSAPPO-ZNTZNGLY。）

43

C

44

1

45

鸭肉（奥蒂斯，工程师，爱吃鸭肉，来自俄勒冈州。博比，植物学家，爱吃巧克力，来自俄亥俄州。赫什，农民，爱吃樱桃，来自佛蒙特州。玛格丽特，医生，爱吃面包，来自路易安那州。安琪，研究员，爱吃羊肉，来自亚利桑那州。）

46

蓝色为底的正方形，左上方一个白球，剩下三个角都为黑球

47

7（中间数为左下方数和其余三个数相加后的差。）

48

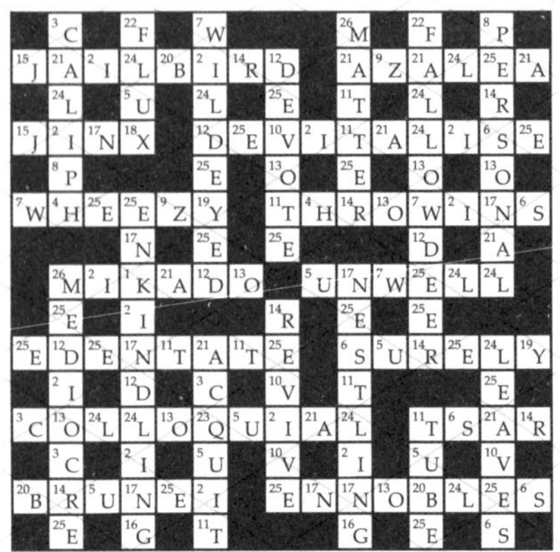

49

Stephen Poliakoff（波利亚科夫）
Oscar Wilde（奥斯卡·王尔德）
Johann Wolfgang（约翰·沃尔夫冈）
Von Goethe（歌德）
Federico Garcia Lorca（洛尔迦）
Lillian Hellman（莉莉安·海尔曼）
George Bernard Shaw（乔治·萧伯纳）
Nikolai Gogol（尼古莱·果戈理）
Aristophanes（阿里斯多芬尼斯）
Christopher Marlowe（克里斯托弗·马洛）
Sarah Kane（莎拉·肯恩）

50

9（小白球覆盖在大圆圈上。）

51

4^2=16

52

85（=28+17+23+17）

53

开始格为第四行第四列的1UR

54

晚上20点（各指针所指数字之和依次增加2。）

55

G（其他图案都有与之样式相同的图案。）

56

17（每个球中的数为其右侧两个数的个位和十位上的数字相加得出的结果，因而右侧的两个球为起始球。）

57

38（=5+9+7+8+9）

58

3（正方形叠加的个数。）

59

C（三角形）

60

Y=0:45:20（V=0:46:23,W=0:48:18，X=0:47:30，Y=0:45:20，Z=0:46:06）

61

以下答案仅供参考：
12+17−9+6−14=12
26−10+4−17+11=14
−15+17+9−8+13=16

62

A. **In Search of Lost Time**（《追忆似水年华》）
Marcel Proust（马塞尔·普鲁斯特）
B. **Finnegan's Wake**（《芬尼根守灵夜》）
James Joyce（詹姆斯·乔伊斯）
C. **Don Quixote**（《唐吉诃德》）
Miguel De Cervantes（米格尔·德·塞万提斯）

63

D（体育名称的字母数与姓名的字母数一致。）

64

12

65

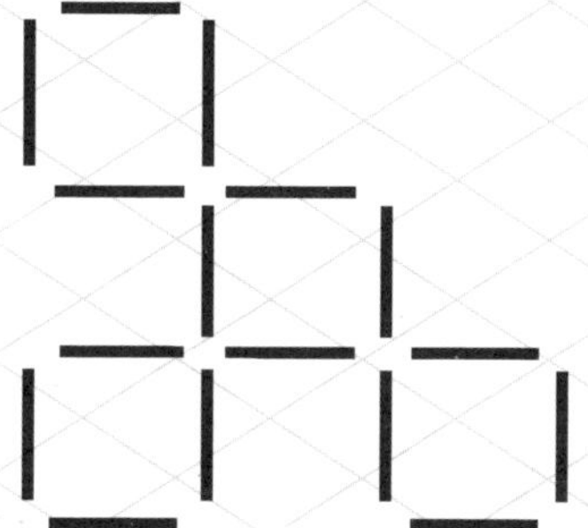

66

B

67

9（每一块扇形区域中三数之和等于其对角形位置的三数之和。）

68

7（三角形内顶部的数字从9开始递减；三角形内中间的数字为从2开始递增的质数；将下方两个三角形中的数字视为一个数，是递增的平方数。）

69

开始格为第四行第三列的1U

70

W（该圆圈中的信息组成了一句谚语“Who is down needs fear no fall.”即死猪不怕开水烫。该句从外圈的问号处开始向内组成信息，再沿逆时针方向环绕。）

71

4（数字转化为26个字母表中对应的字母，按照从上至下、从左至右的顺序，拼出单词DISAPPOINT-INGLY。）

72

58.33%（7/12）

73

17

74

75

安娜

76

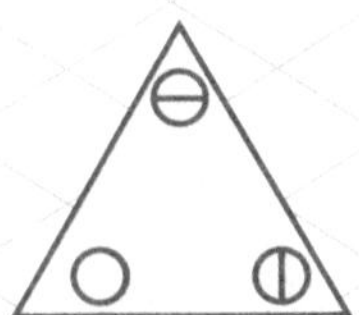

77

F（字母代表着它们在26个字母表中的顺序数，根据图中信息可观察出：第一列与第二列的积为第三列数。）

78

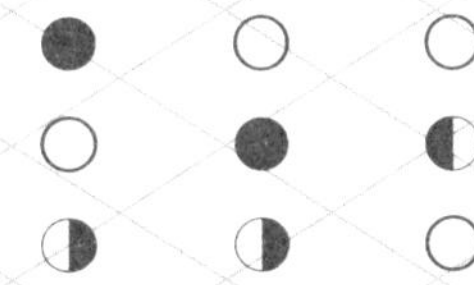

（从左下角开始，呈Z形从上到下排列。）

79

23（数字个位和十位交换位置，两两一组出现，如XY和YX，图中只有32没有搭档。）

80

Dry Martini（干马天尼）
Manhattan（曼哈顿鸡尾酒）
Old-fashioned（古典鸡尾酒）
Margarita（玛格丽塔鸡尾酒）
Daiquiri（代基里酒）
Gin Fizz（杜松子汽酒）
Mint Julep（薄荷朱利酒）

81

无限时（已经花费完所有时间。）

82

从第一瓶中拿出一粒药，将手上四粒药丸全部一分为二。将其分成两堆，每天吃其中的一堆即可。

83

4	8	6	1	9
8	2	8	5	6
6	8	3	4	2
1	5	4	1	1
9	6	2	1	7

84

C（其他图案都有与之样式相同的图案。）

85

countertop（工作台面）
playpen（婴儿用游戏围栏）
antimacassar（椅套）
credenza（书橱）
sideboard（餐具柜）
tallboy（高脚柜）

86

X

87

1（1中左上方的小球内没有水平的横线。）

88

15（这些数字分别代表了各个月份中首字母在26个字母表中的顺序数，从一月即January开始，J=10，F=6，M=13，A=1，以此类推。）

89

A

90

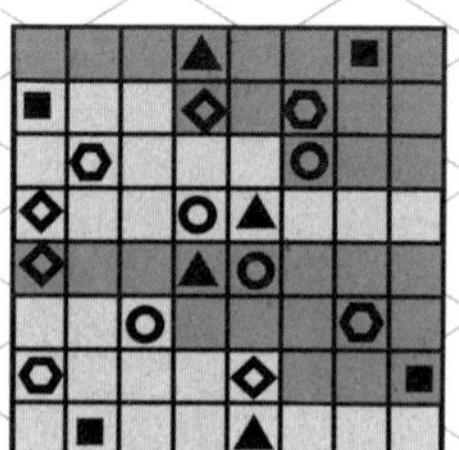

91

A. **Moby Dick**（《白鲸记》）
Herman Melville（赫尔曼·麦尔维尔）
B. **Hamlet**（《哈姆雷特》）
William Shakespeare（威廉·莎士比亚）
C. **War and Peace**（《战争与和平》）
Leo Tolstoy（列夫·托尔斯泰）

92

412804÷23=17948

93

从上到下依次为3、7、1、9（移除最顶上的数字后将整列倒转。）

94

C（不喜欢地名的首字母为人名字中第六个字母，喜欢地名的首字母为人名中第五个字母。）

95

6（右上角数字乘左上角数字的积与右下角数字乘左下角数字的积做差。）

96

9（数字表示包裹它的所有正多边形，包括圆的边数总和。）

97

玛格达莱娜（玛格达莱娜，芝士三明治，红色，天竺葵；萨德，吞拿鱼三明治，粉色，杜鹃花；马特，鸡蛋三明治，紫色，蝴蝶花；海登，火腿三明治，白色，山茶花；利兹，鸡肉三明治，蓝色，飞燕草。）

98

开始格为第二行第七列的3D

99

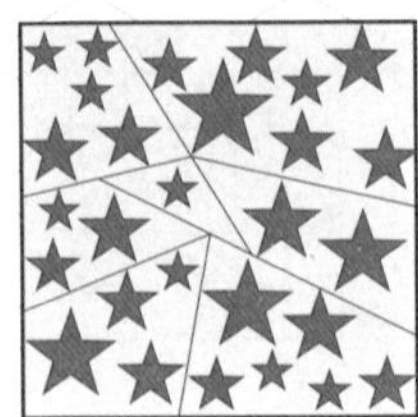

100

O（从顶端字母开始呈顺时针旋转。）

101

20:16（时针按一个小时、两个小时、三个小时递增，分针按12分钟递减。）

102

37（R和S在26个字母表中的顺序数之和。）

103

从上至下依次为 2、4、1（将上方和下方对应的数字相加，把结果由上至下放在下一列中。）

104

D（A和C在说谎。）

105

W，总共耗时1:15:06（V=1:16:38，W=1:15:06，X=1:15:45, Y=1:19:48, Z=1:16:59）

106

淡蓝色为底的正方形中，左下角和右下角为小白球，左上角和右上角为小黑球（中间行中的正方形顺时针旋转90度。）

107

61（=13+16+15+17）

108

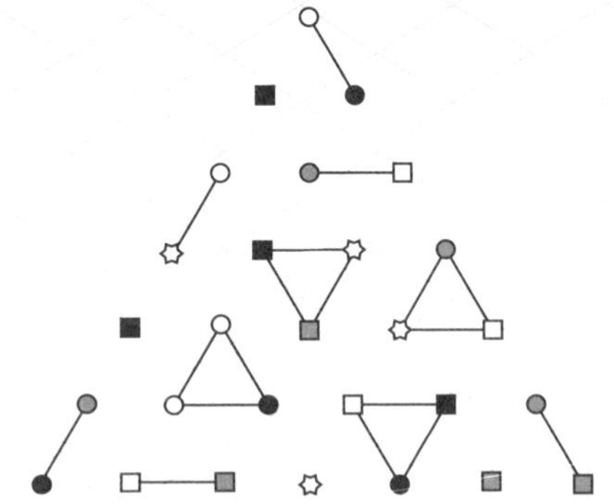

109

D（长方形）

110

B（两个指示皆为假话。若标语1来自A门，则会引起悖论。）

111

35

112

1	0	9	8	5		9	4	2		3		
8		1		2	9	3		5	1	2	0	0
7		1		4		7		3		6		
1	1	2	1	7	9	6	6			6	7	8
2				5		6				0		
7	4	9		5	6	0	7	1		2		
	7			2		9		1	8	2	9	1
3	7	2	5	5		8		6		6		4
6		7		2	1	5	6	2	8	0	7	2
4		7			7			4			3	
3	0	8	9		8	3	4		6	3	9	
8		9				9			7		8	
2	3	2			7	3	4	7	3	8	5	

113

Catherine Deneuve（凯瑟琳·德纳芙）

Halle Berry（哈莉·贝瑞）
Jennifer Lawrence（詹妮弗·劳伦斯）
Miley Cyrus（麦莉·赛勒斯）
Sacha Baron Cohen（沙查·巴隆·科恩）
Denzel Washington（丹泽尔·华盛顿）
Peter Stormare（彼得·斯特曼）
Rowan Atkinson（罗温·艾金森）

114

C（A和C的陈述相对立。C的自省式陈述说明，要么C有时说真话有时说假话，要么C说的是真话。但若C有时说真话有时说假话则会引起A与B的陈述相矛盾。因此C的陈述为真，B的陈述时真时假。既然C的话为真，说明C的话为实话，那么只剩A的陈述，判断为谎话。）

115

C

116

5（可以先考虑只有两条陈述的情况，以此类推到十句话。如果是单数句子就会导致无解。）

117

B

118

04:56:27（钟表上数字的总和按3的倍数递增，如钟表1即1+1+0+5+1+4=12。）

119

4^3=64

120

1113122113（通过前几项的列举，发现每一项与其发声对等："3""1，3""一个1，一个3""三个1，一个3"。）

121

A（A=10+3+25+25+15
B=50+25+1+1+1
C=50+10+10+5+3）

122

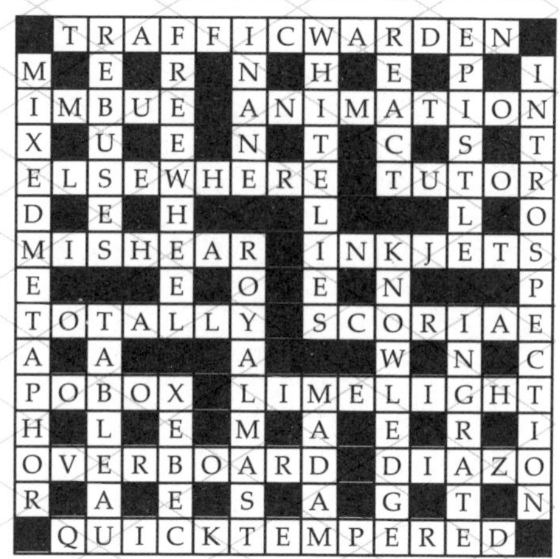

123

7463524131（第六步的结果没有被记录。）

124

3（● = 1, ■ = 2, ▲ = 3）

125

8（● = 2, ■ = 3, ▲ = 5）

126

Henrik Ibsen（易卜生）
Alexander Ostrovsky（亚历山大·奥斯特洛夫斯基）
Mikhail Bulgakov（米哈伊尔·布尔加科夫）
Harold Pinter（哈罗德·品特）
Miguel de Cervantes（米格尔·德·塞万提斯）
Tom Stoppard（汤姆·斯托帕德）
Thornton Wilder（桑顿·怀尔德）
Pierre Corneille（高乃依）
John Osborne（约翰·奥斯本）
Juan Ruiz de Alarcon（阿拉尔孔·伊·门多萨）

127

128

23

129

H T T O T T R T T A T R A H R
O A A R H T O T R O A O R T R
T T H A T A T T H A H T H A T
O R R T R T A T R O H R T H O
T T O T T O A T O R T T H O T
H A A R T A O A R T R T O O R
T R T R O T T R T T H H R A O
T H T R H T R H O H T R O H O
T O R H R R R A T O H O O T O
R O H T T A O A H H T H O R T
R T T R A T O O R H O T T R H
R A T T T T T O R O T T O T O
R T T T R H R O T T H A O T A
R T T A O A A H T A T A R T H
A H O A H T T T O A H T R R T

130

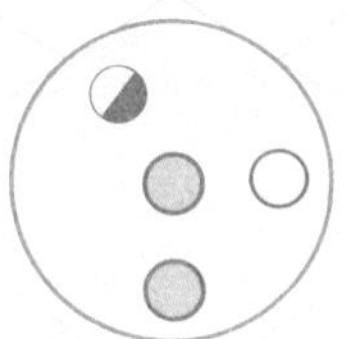

131

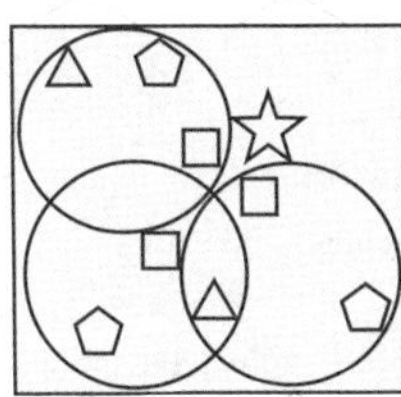

132

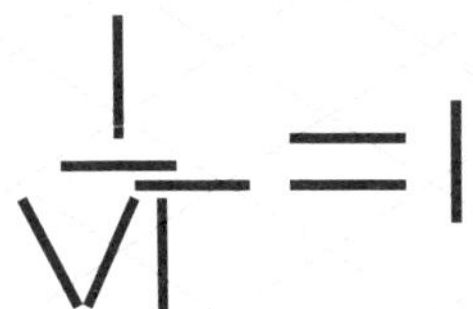

133

七号桌

134

28（每一块扇形的区域中，内环、中环、外环均为偶数的，三数之和为50，如6+20+14=50，4+32+14=50，18+16+16=50。）

135

掷一枚硬币（投掷硬币的概率为1/2,重新放入C袋的概率为5/12。）

136

0（将bc看作一个两位数，A+D=bc）

137

34（=5+8+5+9+7）

138

battenberg cake（巴腾堡蛋糕）
oatmeal（燕麦片）
escalivada（烤蔬菜沙拉）
ouorn（阔恩素肉）
corned beef（咸牛肉）
jambalaya（ 什锦菜肴）
ratatouille（蔬菜杂烩）
jerky（牛肉干）

139

D

140

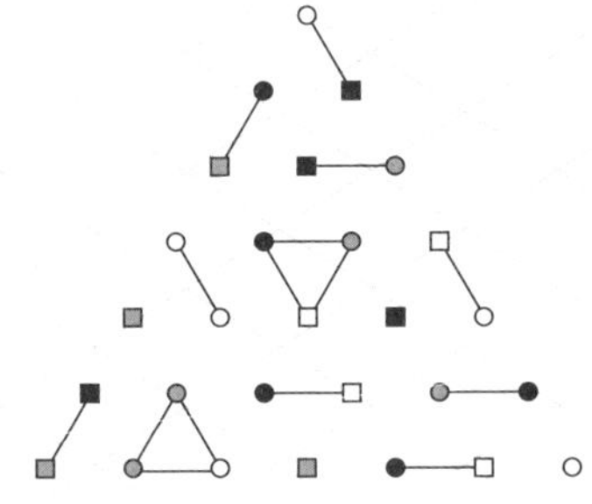

141

7

142

垂直向上抛掷

143

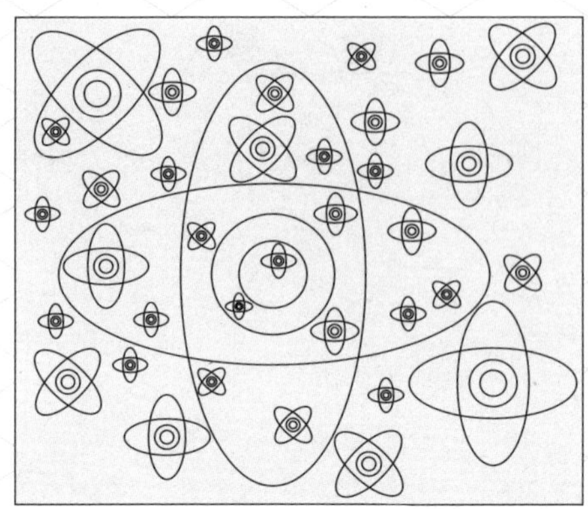

144

以下答案仅供参考：

A 4^2×3÷4-8 = 4

B (√25+4)^2-(4^3) =17

C [(5!+5)×.5-.5]-5-[(5+5)÷5] = 55

145

146

1225（圣诞节）

147

5（每个圆盘以顺时针为序，C中的每个数学是A与B中对应数字的差，C=B-A。）

148

6（将右下角中的数字看为十位，中间三角形中的数字看成个位，将其组成一个两位数，该两位数为前一个图形中最上方数字和左下方数字的积。）

149

9	5	9	0		5	0	3	7	5	9	3	
8				4			4		4		1	
6	3	7	2	5	1		1	2	8	7	0	
0		8		6			3					
4	1	7		9	5	8	1	6	4	6		3
		8	7	4		5		9		8		6
9	6	3		1	5	4	3	3	1	4	5	5
		7		3		7		3		8		3
3	2	5	7	0		0		5				4
4		6		1	4	8	0	2	8	5	5	8
1					4			6		5		9
0			5	3	7			3	6	3	9	7
					6	4	1	4		6		

150

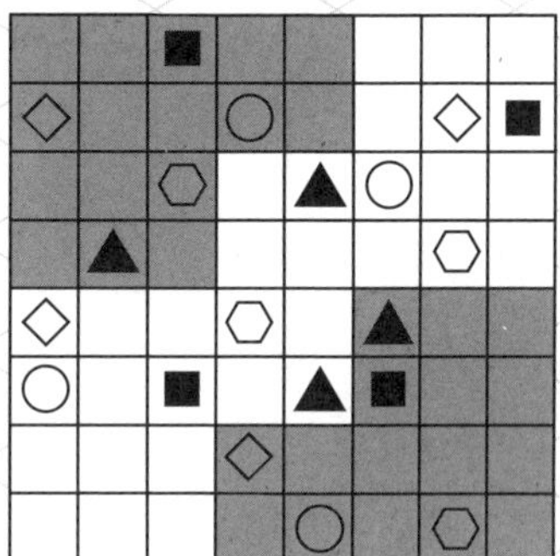

151

40

152

37（=7+8+7+8+7）

153

D5

154

上校：孙（中校：诺美；少校：科普斯；上校：威尔；中尉：莱利；一等士官长：卡拉；中士：利拓）

155

D

156

芙洛拉和苏西（安娜：数学、工程学、微电子学、日语。芙洛拉：物理学、编程学、微电子学、日语。苏西：数学、物理学、编程学、工程学。）

157

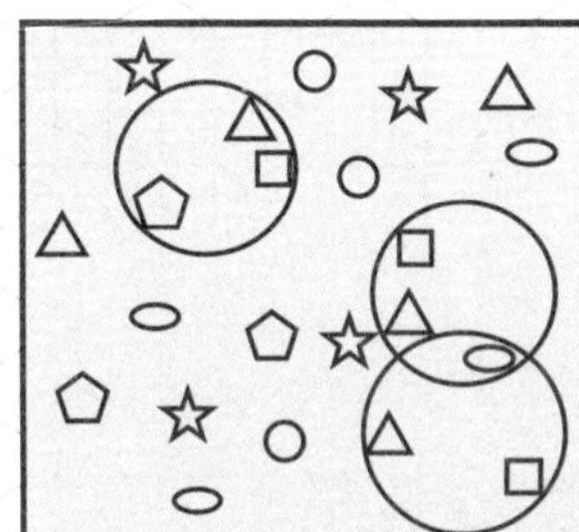

158

01:48:18（从左至右，时间依次增加9小时47分17秒，之后减少6小时35分23秒。）

159

E

160

3（AB=CD×E,将AB和CD看作两个两位数。）

161

3

162

107（=14+39+14+26+14）

163

C（一只白球应为黄色，其余每种颜色的球各有三只。）

164

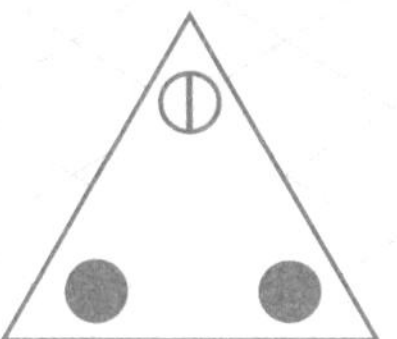

165

第八步（指令显示除以2。指令应显示除以3。）

166

15点（时针和分针组合起来为单词LIVE。）

167

D（五边形）

168

169

问A,是否说话时真时假的那个人在骗子的右边。若A是诚实的那个人，那么他回答的“是”意味着：C为时真时假的人。回答“否”意味着B是时真时假的人。若A是骗子，那么他的回答“是”意味着：B为时真时假的人。回答“否”意味着C是时真时假的人。若A的话时真时假，那么说明B和C的话都不是时真时假。那么若他回答“是”则意味着：B显然不是说话时真时假的那个人。若他的回答为“否”则意味着：C显然不是说话时真时假的那个人。问一个身份经确定的说话为非时真时假的人：是否三个人中有一人为骗子（或其他明显的问题）。若他的回答为“否”，那么意味着这个人为骗子。若回答为“是”，那么说明他为诚实者。再问同样的人：“A的话是时真时假吗？”来确定这三个人的身份。

170

X，成绩为0:46:58.12（V=0:46:58.49，W=0:46:58.14，X=0:46:58.12，Y=0:46:58.64，Z=0:46:58.95）

171

$6^4=36^2$

172

8（● = 3, ▲ = 4, ■ = 6, ⬢ = 7.）

173

Jean Cocteau（让 · 科克托）
Albert Camus（阿尔贝 · 加缪）
Yasminia Reza（雅斯米娜 · 雷凡）
Martin McDonagh（马丁 · 麦克唐纳）
Seneca the Younger（塞内卡）
Shelagh Delaney（希拉 · 德兰尼）
Georg Buchner（格奥尔格 · 毕希纳）
Olafur Haukur Simonarson（奥拉维尔）
Pierre de Marivaux（皮埃尔 · 德 · 马里伏）
Stephen Sondheim（斯蒂芬 · 桑坦）
Tracy Letts（特雷西 · 莱特）
Kalidasa（迦梨陀娑）

174

B4

175

哥伦比亚（采访者一：莉莲，来自汉普郡，兽医，黑色头发，研究人类学。采访者二：爱尔维拉，来自艾塞斯克，人生导师，金色头发，研究心理学。采访者三：莱拉，来自诺福克，房地产经纪人，红色头发，研究社会学。采访者四：弥尔顿，来自哥伦比亚，教师，棕色头发，研究历史。采访者五：安东尼，来自拉特兰郡，会计师，灰发，研究哲学。）

176

A（B和C相互排他，因此A的标语为假。）

177

淡蓝色为底的正方形中，左上角和右下角为小蓝球，右上角和左下角为小白球，中间为小黑球（方格中顺序水平排列呈WWDLDDLWLDLW排列。）

178

9 nC=（n−2）A−（n−1）B，（n+1）是圆圈中沿顺时针转动的一个小格。

179

从上至下依次为0229（将圆柱形看作一个数字，乘以3，最后一个数字对应下一列的最后一个数字，以此类推，依次将结果填入下一列中。每一圆柱列的数字个数也依次递减1。）

180

O（拼出单词TOOTHLIKE。）

181

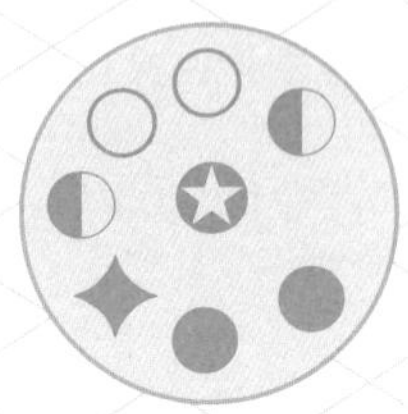

182

L	L	A	L	A	A	M	A	M	M	M	A	M	A	M
A	M	L	M	A	L	A	M	A	A	M	M	A	M	M
M	L	M	A	L	M	A	M	M	M	A	A	M	A	M
M	L	A	A	A	A	M	M	L	L	M	A	A	A	M
A	L	M	L	L	A	M	A	M	A	A	M	M	L	M
M	A	A	A	L	M	A	M	A	M	L	A	A	A	A
A	M	A	A	L	M	M	A	M	M	M	M	L	M	L
M	M	M	A	M	A	L	M	M	M	A	M	A	M	M
M	A	L	L	A	A	M	M	A	M	M	A	A	A	A
A	M	L	M	A	A	M	M	A	A	M	L	M	M	M
A	L	M	M	M	M	A	A	A	L	L	L	M	M	A
A	A	L	M	M	L	A	M	L	A	A	M	M	M	L
A	M	M	M	A	M	L	M	M	A	A	M	A	M	M
M	M	M	M	M	A	A	L	A	M	M	A	A	A	L
L	L	M	M	A	L	M	M	A	M	L	M	A	M	A

183

D（从左下角按顺时针方向竖直向上旋转至左上角，重复字母序列GWgBGgWgBWgBW。）

184

逆赤道行驶的火车轮子先被磨损（没有地心引力帮其减重。）

185

R（MYTHOGRAPHER）

186

celadon（灰绿色），**tilleul**（淡绿黄色），**atrous**（深黑色），**watchet**（浅蓝色），**meline**（榅桲黄色），**corbeau**（乌鸦黑色），**solferino**（鲜紫红色）

187

4（与数字外包围的线条数相关。）

188

7月16日（杰克知道她出生的月份在所列出的日期中不是唯一的一个。约翰意识到生日可能是7月或是8月中的一个月份，因此他能判断出吉尔的生日。之后杰克明白排除了所有给他的信息后，月份应为7月，并且确定了那个唯一的日期：7月16日。）

189

G（三角形中间的字母在26个字母表中的顺序数为旁边三个三角形中字母所代表的数值的和，从A=1、Z=26，再轮回至A=27、B=28,以此类推。旁边三个三角形中的字母的数值为其所代表的月份。）

190

Audrey Tautou（奥黛丽·塔图）
Scarlett Johansson（斯嘉丽·约翰逊）
Sandra Bullock（桑德拉·布洛克）
Charlize Theron（查理兹·塞隆）
David Hasselhoff（大卫·哈塞尔霍夫）
Michael Douglas（迈克尔·道格拉斯）
Morgan Freeman（摩根·弗里曼）
Jack Nicholson（杰克·尼科尔森）

191

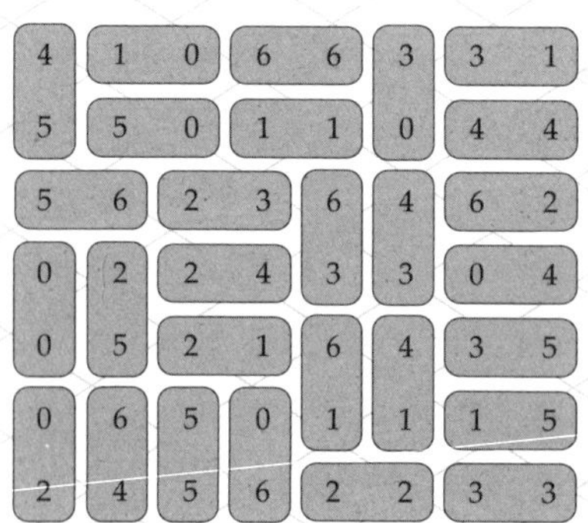

192

A和E

193

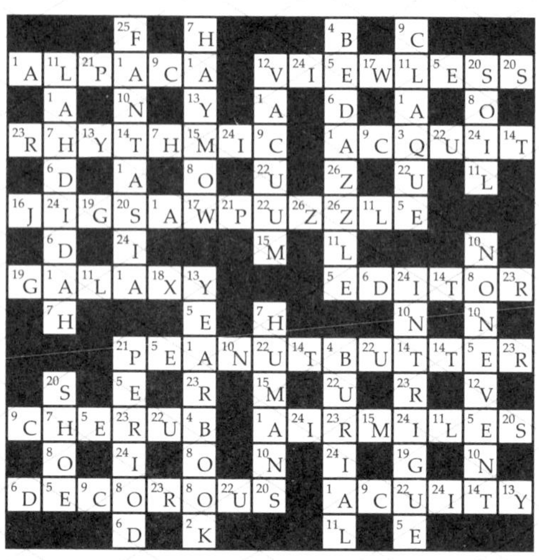

194

D

195

The Divine Comedy（《神曲》），
Dante Alighieri（但丁）
Madame Bovary（《包法利夫人》），
Gustave Flaubert（古斯塔夫·福楼拜）
Nineteen Eighty Four（《一九八四》），
George Orwell（乔治·奥威尔）

196

7（中心的小球消失了。）

197

B（每个人喜欢的蔬菜名称的开头字母与他们星座的开头字母一致。）

198

978368÷32=30574

199

3	5	1	9	5
5	5	7	7	5
1	7	4	6	0
9	7	6	4	3
5	5	0	3	2

200

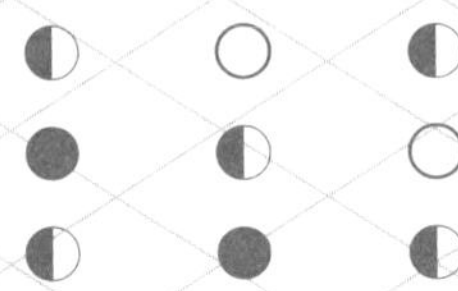

图案从右下角开始向内按顺时针旋转。

解谜笔记